August Schmarsow

Raphael und Pinturicchio in Siena

eine kritische Studie

August Schmarsow

Raphael und Pinturicchio in Siena
eine kritische Studie

ISBN/EAN: 9783744638890

Hergestellt in Europa, USA, Kanada, Australien, Japan

Cover: Foto ©ninafisch / pixelio.de

Weiter Bücher finden Sie auf **www.hansebooks.com**

RAPHAEL

UND

PINTVRICCHIO

IN

SIENA

EINE KRITISCHE STUDIE

VON

DR AUGUST SCHMARSOW

STUTTGART

VERLAG VON W. SPEMANN

1880

HERRN

PROFESSOR DR. CARL JUSTI

IN DANKBARER VEREHRUNG

·

GEWIDMET.

ROM, CAPITOL. JANUAR 1880.

ir danken dem Vasari die Nachricht, dass der junge Raphael an Pinturicchio's historischen Darstellungen in der Dombibliothek zu Siena Anteil gehabt habe. Mögen seine eigenen Aussagen über die Art und den Umfang dieser Mitwirkung auch ungenau und schwankend sein, das Problem selbst verdient alle Beachtung.

In der neuen Ausgabe der Opere, deren Commentare neben wichtigem Urkundenmaterial leider manches Veraltete wiederholen und die sonst so dankenswerten neuen Daten und Verbesserungen nicht selten flüchtig hineinflicken [1]), wird auch die Untersuchung über diesen Anteil Raphaels von einseitigem Standpunkt und auch so noch unzureichend geführt. Die Maxime nichts gelten zu lassen, als was durch Documente unterstützt wird, ist höchst lobenswürdig; doch muss man nicht vergessen, dass für die Kunstgeschichte die Hauptquellen immer die Kunstwerke selbst bleiben. Milanesi hat die Inschrift auf der einen der noch erhaltenen Zeichnungen geprüft und ihre Lesung berichtigt; dass aber das florentiner Blatt ebenfalls eine handschriftliche Notiz, und zwar eine längere, auffallendere trägt, scheint ihm unbekannt.

In Burckhardts Cicerone finden wir Folgendes über diese Frage: „In dem Jahr 1502 bis 1507 malte Pinturicchio mit Hülfe Mehrerer die Libreria im Dom von Siena aus. Von der früheren Annahme, dass Raphael ihm dazu alle Entwürfe, ja die Cartons geliefert, oder gar selbst Hand angelegt habe, ist man völlig zurückgekommen. Von den sehr schönen Zeichnungen zu zweien dieser Compositionen ... habe ich nur die ... in der Sammlung der Handzeichnungen der Uffizien gesehen, (und) halte (sie) nicht für Raphaels Werk" [2]). Auch hier ist jene Inschrift ausser Acht gelassen, nachdem nicht nur Passavant, sondern auch Herman Grimm noch 1872 darauf hingewiesen, dass sie von Raphaels eigener Hand darauf gesetzt sei. In den Beiträgen zur dritten Auflage erklärt Mündler, dass auch die andere der genannten Zeichnungen in der Casa Baldeschi sicher Pinturicchio's Arbeit sei.

Darnach wird schon Niemand an eine „allgemeine Uebereinstimmung" [3]) über die Echtheit der in Frage stehenden Blätter glauben.

Crowe und Cavalcaselle drücken sich vorsichtig aus: „Hätte man Raphael's Namen mit diesen Zeichnungen irrtümlich in Verbindung gebracht, so müsste ein ganz neues Verzeichniss seiner Arbeiten dieser Art angefertigt werden" [4]).

---

[1]) So weiss der Anhang zur Vita des Pinturicchio, Bd. III, p. 524 nur von zwei Zeichnungen, in Florenz und Perugia, zum I. und V. Fresko; p. 26 dagegen wird nach Crowe und Cavalcaselle noch die dritte (in Chatsworth) genannt.

[2]) 1874, Bd. III, p. 923; Beiträge p. 66.

[3]) Springer, Raffael und Michelangelo, Leipzig 1878, 4°, p. 496.

[4]) Gesch. der ital. Malerei, deutsche Ausgabe von Jordan, IV, pag. 304.

In der neuesten Ausgabe des Cicerone erklärt W. Bode: „Aus dem Umstande, dass mehrere Zeichnungen zu den Fresken dem Raphael — freilich durchaus nicht unbestritten — zugeschrieben werden, darauf zu schliessen, dass der fertige Meister und grossartige Entrepreneur durch den jungen, noch fast unbekannten Maler sich die Entwürfe habe machen lassen, scheint mir selbst bei einem verhältnissmässig untergeordneten und handwerksmässigen Maler, wie Pinturicchio, mindestens unwahrscheinlich zu sein. Zudem sind sämmtliche Fresken fast ganz gleichwertig unter einander und echt im Charakter Pinturicchio's" [1]. Damit wird die moralische Argumentation der Vasari-Herausgeber erneuert, die gleichfalls bedenklich gefunden: „dass der gewiegte Meister von fünfzig Jahren bei der Erfindung dieser Darstellungen seine Zuflucht zu einem zwanzigjährigen Freunde genommen, der damals kaum begann auf dem Felde der Kunst die ersten Schritte zu tun und zwar noch immer nur den Spuren des Lehrers folgend [2]."

Schon Crowe und Cavalcaselle haben diesen Einwänden entgegnet: was wir von Pinturicchio's künstlerischer Gesinnung wissen, widerstrebe der Annahme nicht, dass er sich eines so frühreifen Talentes, wie Raphael war, gern bediente [3]. Im Uebrigen hat die moralische Beurteilung von unserm Standpunkt des modernen Individualismus und nach unsern Begriffen von Originalität in ihrer Anwendung auf hierin so anders geartete Generationen immer etwas Gewagtes. Was aber Raphael betrifft, so muss doch zur historischen Berichtigung der zugespitzten Gegensätze gesagt werden, dass er damals nicht mehr so verkannt und gar gering war, als man ihn hinstellt. Wem bereits so viel Arbeiten, wie die Kirchenfahne in Città di Castello und die Glorie des heil. Nicolaus von Tolentino, nebst dem Sposalizio und der Himmelfahrt Mariä aufgetragen wurden, der konnte in Perugia nicht mehr als junger unbekannter Nachahmer seines Lehrers gelten; nennt ihn doch ein contraktliches Document bereits 1505 „den besten Meister in Perugia", in dessen Wahl die Nonnen von Monteluce nicht nur von den frommen Vätern, sondern von mehreren Kennern der Stadt bestärkt wurden [4]. Uebrigens spräche Raphaels geringer Ruf durchaus nicht gegen die Ansicht, die man damit widerlegen will: Pinturicchio wusste jedenfalls, besser als die Leute, mit welchen Gaben sein junger Freund ausgestattet war, und seine Absicht war keineswegs, die Hülfe öffentlich, sondern ganz privatim in Anspruch zu nehmen. Dergleichen Argumente sind indess überhaupt müssig, solange es darauf ankommt den Sachverhalt klarzustellen und die sichern Beweisstücke gegen einander abzuwägen.

Der Tatbestand ist nach den urkundlichen Daten folgender: Bernardino Pinturicchio schliesst am 29. Juni 1502 mit dem Cardinal Francesco Todeschini-Piccolomini zu Siena einen Contrakt, worin ihm die malerische Ausschmückung der Libreria übertragen wird, die der Cardinal zur Aufbewahrung der von seinem Oheim Pius II. gesammelten kostbaren Bücher neben seiner Familienkapelle am Dom hatte anbauen lassen. Pinturicchio verpflichtet sich, während seiner Beschäftigung in dieser Bibliothek keinerlei andre Arbeit, weder in Siena noch auswärts zu unternehmen. — Das Gewölbe soll mit jenen *fantasie, colori e compartimenti* geziert werden, *che hoggi chiamano grottesche*. Die grossen Wand-

---

[1] Vierte Auflage, 1879, II, p. 573. Anm. 2: „Die Frage, wie weit Raphael bei diesen Fresken mit beteiligt war, scheint mir dadurch ziemlich unwesentlich, dass die Ausführung der Wandfresken frühestens im Herbst 1505 begann, dass er also nur an der Decke mitgearbeitet haben könnte."

[2] Vasari, Opere III (1879), p. 526.

[3] A. a. O. IV, p. 303.

[4] . . . . „fece trovare el Maestro el migliore si fosse consigliato . . . . . lo quale si chiamava Maestro Raphaello da Urbino . . ." Pungileoni, Elogio storico di Raff. p. 193, Anm.

flächen hat er mit gemalten reichornamentirten Pilastern so einzuteilen, dass zehn historische Darstellungen Platz finden, in denen er *secondo li sara dato in memoriale et nota, habbia a dipingiare la vita ... di papa Pio*, d. h. die hervorragendsten Ereignisse aus dem Leben des berühmten Enea Silvio Piccolomini. Sie sollen *in fresco* gemalt und *in secho* retouchirt werden; unter jedem Bilde soll eine Inschrift stehen, *„epitaphio o vero indice della istoria sopra quello dipinta'*, sei es in Prosa oder in Versen.

Der Meister verspricht ferner alle Zeichnungen dieser Historien mit eigner Hand auf die Cartons sowol wie auf die Mauern zu bringen [1]) und ebenso alle Köpfe eigenhändig al fresco zu malen und al secco zu übergehen, wie überhaupt dem Ganzen die letzte Vollendung mit seinem Pinsel zu geben.

Ueber den Anfang und Verlauf der Arbeit selbst lässt sich durch Combination Einiges erbringen. In dem am 30. April 1503 gemachten Testament des Cardinals wird freilich die Libreria [2]) und der künstlerische Schmuck der anstossenden Familienkapelle als seine Stiftung gepriesen, ist aber von fertigen Malereien noch nicht die Rede. Es heisst darin: *magistro Bernardino pictori perusino, vocato el Pintorichio, locavimus depingendam istoriam ... Pii*, und die Ausführung der contraktlichen Bestimmungen wird den Erben zur Pflicht gemacht, falls der Testator selbst die Vollendung nicht erlebe. Möglich also, dass bei der Abfassung dieses Schriftstückes die Malereien, wenigstens der historischen Darstellungen, noch nicht begonnen waren. Andere Daten bieten die Verzierungen des Pinturicchio selbst: an der Decke sind die Wappenschilder in Stuckarbeit sowie die an den Pilasterkapitälen, welche sich dem Contract zufolge auf den Besteller beziehen, noch mit dem Cardinalshut gekrönt, müssen also vor seiner Papstwahl fertig geworden sein, während die an den Sockeln die Tiara tragen. Die Inschrift zwischen den Grotteskenfeldern der Decke lautet bereits: PIO II PONT. EX PIETATE PIVS III PONT. MAX., kann also erst nach dem 22. September 1503 entstanden sein. Schon am 18. October, zehn Tage nach der Krönung, erfolgte der Tod Pius' III., und Pinturicchio scheint, unsicher über das Verhalten der Erben, die Arbeit in der Libreria unterbrochen zu haben; wenigstens besagen die Urkunden, dass er am 4. August 1504 in der Taufkapelle des Domes die acht Fresken vollendete, die ihm der Rhodiserritter Alberto Aringhieri aufgetragen hatte. Im September d. J. wurde eine Altartafel fertig, die er für den Bruder des Papstes Andrea Piccolomini gemalt, und am 13. März 1505 erhielt er die Bezahlung für die Zeichnung der Fortuna, die er für den Fussboden des Domes geliefert hatte.

Bei der Art, wie Bernardino seine Aufträge auszuführen pflegte, geht aus diesen Daten allein keineswegs hervor, dass die Malerei in der Libreria so lange geruht hätte. Im Gegenteil, da wir den Meister im Dienst des Bruders und Testamentsvollstreckers finden, liegt die Voraussetzung näher, dass diese der ganzen Familie Piccolomini weitaus wichtigere Freskoarbeit durch die Sonderaufträge nicht gelitten habe [3]).

---

[1]) „*Fare tutti li disegni delle istorie di sua mano in cartoni et in muro'*; von Entwürfen ist also genau genommen nichts gesagt. Vgl. dagegen den Comment. Vasari III, p. 526.

[2]) Et quoniam ex nostro aere, et magna impensa pulcherrimam libreriam a fundamentis in dicta Ecclesia ad latus Capellarum construi fecimus, et cum armariis, sedilibus et reliquis necessariis perfecimus ... Cfr. Pungileoni, Elogio stor. di Raff. p. 58 ff.

[3]) Die Restzahlung der Witwe des Andrea Piccolomini datirt erst von 1508, bezieht sich aber wol auf das Fresko der Krönung Pius' III. in der Kirche über dem Eingang zur Libreria. Der Freskencyklus im Innern mag somit gegen 1507 abgeschlossen sein.

In diesen Hergang schneidet nun Vasari's Nachricht ein: unter den von Pinturicchio nach Siena gezogenen Gehülfen habe sich auch Raphael befunden, von dem alle oder, wie es an anderer Stelle heisst, einige Zeichnungen herrührten[1]). Nehmen wir das Problem genau so auf, wie diese einzige historische Quelle hierfür es bietet. Vasari spricht unter allen Umständen nur von Entwürfen und Zeichnungen, nicht aber von einer Teilnahme an deren malerischer Ausführung. Wenn dem Raphael bald dies, bald jenes Quantum der Malerei zugeschrieben wird, so kommt dies lediglich auf Rechnung eines Lanzi und Bottari, Pungileoni und Vermiglioli. Ja diese *schizzi* und *disegni* brauchten nicht einmal in Siena selbst gefertigt zu sein, und es bliebe zu erweisen, ob Raphael sich in Pinturicchio's Diensten wirklich dort aufgehalten habe.

Bei der genauen Rücksicht, welche die Renaissancekünstler auf die Umstände der Oertlichkeit nehmen, die ihre Arbeit schmücken soll, hat die Nachricht, dass er nach Siena gekommen sei, allerdings grosse Wahrscheinlichkeit. In der Tat besitzen wir für diesen Besuch ein sicheres Zeugniss. In Raphaels Skizzenbuch zu Venedig, dessen Blätter bis ins Jahr 1504 reichen, ist uns eine Studie nach der Gruppe der Grazien erhalten, welche von ihrem früheren Standort in Rom gerade damals nach Siena verpflanzt worden war. Sie gehörte zu den geschätztesten Antiken, die in jenen Tagen bekannt waren, und ihre Erwähnung in literarischen Quellen ermöglicht uns, die Zeit ziemlich genau abzugränzen, wann diese Uebertragung stattgefunden hat.

Der Gedanke des Cardinals, dies kostbare Werk aus seiner Wohnung in Rom fortzunehmen und dem Familiendenkmal in Siena einzuverleiben, setzt voraus, dass der Bau der Libreria seiner Vollendung entgegengieng. Er war 1495 begonnen; ins folgende Jahr fällt die Bestellung der Holzschnitzarbeiten bei Antonio Barili, 1497 die der Erzthüren bei Ormanni[2]): wir kommen also nahe an die Scheide der beiden Jahrhunderte. Der Verfasser des merkwürdigen Gedichts „Antiquarie prospetiche Romane Composte per prospectiuo Melanese depictore", ein Mitglied der Akademie des Lionardo da Vinci, sah die Gruppe noch im letzten Drittel des Quattrocento im Palast des Cardinals von Siena zu Rom[3]). Francesco de' Albertini in seinem Buch über die Sehenswürdigkeiten des neuen und alten Roms erwähnt ihrer, obschon sie sich nicht mehr daselbst befand: „*Domus reue. Francisci Piccolominei car. senensis non longe est a predicta* (sc. Ursinorum) *in qua erant statuae gratiarum positae.*" Dies Buch ist freilich erst am 3. Juni 1509 vollendet, aber in einer Reihe von Jahren aus selbstgesammelten Notizen mit stetem Bezug auf die Oertlichkeit zusammengetragen; wir müssen also die Stelle genau so nehmen, wie sie lautet. „Der hochwürdigste Cardinal Francesco Piccolomini" wurde am 22. Sept. 1503

---

[1]) Vgl. die Gegenüberstellung des vierfachen Textes bei Vasari, Opere III, p. 525. Betreffs der künstlerischen Bedeutung des leitenden Meisters, die hier in Frage kommt, dürfen wir im Allgemeinen auf den Abschnitt in Bode's vierter Auflage des Cicerone II, p. 571 ff. verweisen, erinnern jedoch, dass dort sowol wie bei Crowe und Cavalcaselle die Fresken der Libreria ohne Weiteres mit herbeigezogen sind. Jedenfalls beruht die „geschickte Anordnung" in manchen seiner aus früheren Jahren erhaltenen Werke mehr auf decorativer Begabung als auf einem Verständniss für wolabgewogene, innerlich motivirte Composition.

[2]) Vgl. Vasari, Opere III, p. 515 ff.

[3]) „*Ecci nel demal cardinal di siena — nuds tre gratie et una nimpha trout, — chi par chin ver didi gran vento mena.*" Das gedruckte, aber höchst seltene Gedicht ist undatirt, erwähnt jedoch das Grabmal Sixtus' IV. (1493) und das von Ant. Pollajuolo gefertigte Modell desselben; noch nicht das 1497 vollendete Monument Innocenz' VIII.; es spricht von Alexanders VI. Flucht in die Engelsburg, 6. Jan. 1495, und von der gegossenen Reiterstatue des Lodovico Sforza von Lionardo, scheint also 1495 oder 1496 entstanden. Ich benutze das Exemplar der Casanatense: fol. 1 r. Holzschn.: ein nackter Mann mit perspectivischem Instrumente, rechts das Colosseum; in den Randleisten die Buchstaben .P. — .M. fol. 1 v. zwei Sonette auf Lionardo da Vinci. fol. 2 r. col. 1: Antiquarie p(ro)fpetiche | Romane Co(m)pofte per | prospectiuo Melanefe | depictore. a. E.: Finifcon lantiquaglie profpe | tiche Romane. s. l. et a. 4 Bll. kl. 4°. goth. Typ.

Papst Pius III., als welcher er in andern Abschnitten des Buches vorkommt; die entscheidenden Worte Albertini's müssen also wol vor diesem Zeitpunkt geschrieben sein, sonst würde der Verfasser auch hier eine andere Bezeichnung des Palazzo Piccolomini gewählt und ihn nicht mehr unter die Rubrik „De domibus cardinalium" gebracht haben. Ganz übereinstimmend damit erzählt auch Vasari gelegentlich des Freskenschmuckes der Libreria, der Cardinal Francesco habe die Gruppe herübergeführt: „non essendo anco a fatica finita questa Libreria … fu creato papa il detto Francesco Cardinale …" Und dieser starb ja schon am 18. October 1503 [1]).

Nehmen wir also an, dass der Cardinaldiacon die Gruppe in Siena aufgestellt, als er die Ausschmückung jenes Büchersaales betrieb, spätestens im Sommer 1502, da er zum letzten Mal von Rom herüberkam und den Contrakt mit Pinturicchio schloss [2]).

Das antike Marmorwerk war nicht unversehrt gefunden. Die mittlere Grazie hat den Kopf, beide Arme und das linke Bein von der Wade abwärts verloren; den beiden andern fehlen die nach aussen gewendeten Arme; die zur Linken ist ausserdem am rechten Fusse verstümmelt. In solchem Zustand hat sie Raphael in der Libreria studirt. Die Zeichnung im Skizzenbuch von Venedig, welche uns zwei dieser Figuren darstellt, giebt so genau die Bruchstellen des Marmors wieder, dass ein Irrtum über das Original nicht möglich ist [3]). Die Abzeichnung kann nur an Ort und Stelle ausgeführt sein, und die Manier, in welcher dies geschehen, wie die perugineske Auffassung bestimmen zur Genüge die Zeit ihrer Entstehung [4]).

Die Skizze verrät deutlich, mit wie eifriger Sorgfalt Raphael gearbeitet: die Umrisse sind mit ziemlich dicken, aber beweglichen, weichen Linien gegehen, die Modellirung durch die zarten engen Parallelschraffirungen, meist von links unten nach rechts oben laufend und im tieferen Schatten von ähnlichen Querlagen gekreuzt, offenbar mit Fleiss

[1]) Springers Argumentation (e. a. O. p. 88) lässt sich also nicht halten. Die Uebertragung des Schlussdatums „Ex Urbe die. III. Jun. MDIX" auf die Entstehungszeit des ganzen Werkes ist unstatthaft: im ersten Abschnitt heisst es freilich „hoc anno MDIX", in einem späteren De palatiis Imperatorum aber „hoc anno MDVI", und so sind manche Kapitel mosaikartig aus älteren und jüngeren Notizen zusammengesetzt. Entscheidend ist das Todesjahr Pius' III., dessen Grabmal unter den sepulchris memorandis genannt wird. — Die bei Mazzocchelli, Scritt. ital. I. 321 und Negri, Istoria degli Scritt. Fior., Ferrara 1722, p. 181, nach Gregorovius, Gesch. d. Stadt Rom, VIII., p. 302 erwähnte Ausgabe des Albertini von 1505 „Romae per Joannem de Besichen" wird von Gori, Raccolta delle Iscrizione di Toscana, III, Praefat. (vgl. Jordans Beilage zu Crowe e. Cavalc. II, p. 446) wol mit Recht angezweifelt. Albertini sagt in der Vorrede an Julius II., er habe die Arbeit auf Anregung des Card. Galeotto unternommen und diesem widmen wollen; nun sei aber der Cardinal gestorben. Dies geschah erst am 11. Sept. 1508. Ueberall werden Ereignisse erwähnt, die nach 1505 fallen, z. B.: die Grundsteinlegung von S. Peter, Michelangelo's Ernstatue Julius' II. in Bologna, seine Deckenmalerei in der Cap. Sistina (!) und Sansovino's zwei Grabmäler im Chor von S. Mar. del Popolo (1505 und 1507). Eine Menge eingestreuter Bemerkungen sind auf den Papst berechnet, die Abschnitte De Aedificiis a Julio II constructis und De Landibus Ciuitatum Flor. et Saonensis, d. h. der Heimat des Autors und des Papstes, jedenfalls erst nach der Veränderung der Adresse, in Folge von Galeotto's Tod, hinzugesetzt. Wenn also eine frühere Ausgabe existirte, so war sie wesentlich anders. Cicognara, Catal. dei libri d'arte etc. No. 3570 nennt eine von 1508, die er jedoch selbst nicht gesehen. Die erste bekannte ist: Opusculum de Mirabi | libus Nouae et ueteris Vrbis Romae edi | tum a Fra(n) | cisco de Albertinis Clerico Flore(n) | tino dedicatemq(ue) Jeliofecundo(ue) Jeliofecundo [sic] Pon. Max. — a. E.: Impressum Romae per Jacobum Mazochium | Romanae Academiae Bibliopolam qui in | fra paecos dies epythaphiorum opusculu(m) in luce(m) ponet a(n)no Salutis M . D . X . | die .liii. Febr. — unpag. kl. 4°. Die folgende Ausgabe hat auf dem Titel in goth. Typen: Opusculu(m) d(e) Mira | bilibus noue et ve | teris Urbis Ro | me editum a | Fra(n)cisco Al | bertino | Floren. | Cum Privilegio. fol. 2—103. a. E.: . . . a(n)no Salutis .MDXV. | Die XX Octob. — kl. 4°. Eine andere kleine Schrift des Autors heisst: Septem Mirabilia | Orbis Et Vrbis | Romae Et Flo | rentinae Ci | vitatis. Cum Epy | taph. Pub. (Widmung an Emanuel, König von Portugal. Romae nonis Feb. MDX.) a. E.: Impressum Romae per Jacobum | Mazochium . . . anno Sa | lutis .MD . X. die VII. | Februarii. — kl. 4°. Seltener Druck in der Bibl. Corsini zu Rom.

[2]) Sie befindet sich noch in Siena, ist aber 1847 in die Accademia di belle Arti und neuerdings in die Gall. dell' opera del Duomo gekommen. Photogr. Alinari 3562. Vgl. unsere Abbildung.

[3]) Grimm, das Leben Raphaels (Berlin 1872) p. 75. Nur die Brust und Schulter der zur Linken sind von den störenden Fragmenten befreit, und der zur Stütze der Beine stehen gebliebene Marmor weggelassen.

[4]) Photogr. v. Braun Nr. 115. B(erliner) K(upferstich)-C(abinet) Nr. 370. Vgl. unsere Abbildung.

abgewogen. Trotzdem bemerkt man leicht, dass Raphael wol nach lebendigen Modellen zu zeichnen verstand, aber nicht geübt war antike Idealgestalten nachzubilden. An einigen Stellen zeigen sich wiederholte Versuche den Umriss getreu zu übertragen, und die stark reflectirenden Ränder des weissen Marmorbildes haben hier und da ein schüchternes Absetzen der Schattirung veranlasst. Im Uebrigen sehen wir ein in der Anschauungsweise Perugino's befangenes Benehmen. Die schlanken mädchenhaften Körper des Originals haben ganz die Eigenschaften umbrischer Frauen angenommen: „die Hüften sind breit geworden, der Leib kürzer, alles runder, fester, fetter, frauenhafter" [1]). Der Kopf der linken Grazie hat die beliebte ovale Gesichtsform, das schmale Kinn und das spitze Mündchen bekommen, die den weiblichen Erscheinungen auf allen seinen Gemälden und Zeichnungen dieser Zeit eigen sind [2]).

Aus der Unfähigkeit den Idealformen des Marmorwerkes gerecht zu werden und aus den unläugbaren Schwächen der Modellirung ein negatives Urteil über die Echtheit des Blattes abzuleiten scheint nicht erlaubt. Die Manier der Schattengebung, wie der Umrisslinien entspricht vollkommen der, welche Raphaels sorgfältigere Studien dieser Periode darbieten; dass sie trotzdem nicht ganz gelungen, erklärt sich aus der besondern Natur des Vorwurfs, ja es scheint, dass wir in dem venezianer Blatt nur einen ersten, von Raphael selbst verworfenen Versuch zu erkennen haben. Diese Zeichnung nach zwei Gestalten der Gruppe steht in engem Zusammenhang mit einem Gemälde Raphaels, das die drei Grazien darstellt. Vergleichen wir das kleine in England [3]) befindliche Tafelbild, soweit es die Photographie gestattet, so finden wir zunächst das Paar der sienesischen Studie wieder, natürlich entsprechend ergänzt; ziehen wir aber für die dritte Gestalt ebenso das antike Original zu Rate, so springt auch hier dieselbe Nachbildung in die Augen. Sie geht bis ins Einzelne, selbstverständlich die Formensprache überall ins Umbrische übersetzend; nur das rechte Knie dieser Figur schiebt sich etwas mehr vor das linke, so dass eine Beinstellung entsteht, die man nur als Rückfall in die perugineske Schulgewohnheit bezeichnen kann. Da Raphael, wie anzunehmen, bei der Ausführung dieses Gemäldes nicht mehr in Siena war, so muss er auch die dritte der Grazien einzeln, vielleicht ein wenig mehr von links, oder vielmehr die ganze Gruppe nochmals nachgezeichnet haben: so genau stimmt auf seinem Bilde die Anordnung der Körper und die Stellung der Beine mit der Gruppirung des antiken Werks überein. Für die Ergänzung des Fehlenden war die Lage des linken Arms der Mittleren gegeben; der rechte ist — wenn man will — falsch angesetzt und gewiss nicht glücklich in fast derselben Haltung wie der andere, während in der Antike noch ein Ansatz beweist, dass er vor dem Leibe der Gefährtin, zwischen Brust und Nabel herabreichte. Nicht zum Vorteil der Mannigfaltigkeit gab Raphael auch den freien Armen der beiden äusseren Grazien eine ähnliche Haltung und jeder einen Hesperidenapfel in die Hand [4]). Die Köpfe erklären sich wie die sonstigen Formen einfach aus der damaligen Kunstweise des jungen Urbinaten. Die beiden äusseren, wo die der antiken Gruppe vorlagen, sind genau in der nämlichen Ueberschneidung wie dort gegeben; alle drei aber zeigen die raphaelische Bildung und die

[1]) Grimm a. a. O.

[2]) Vgl. z. B. Braun 85, BKC. 401; Br. 104, BKC. 395 aus demselben Skizzenbuch.

[3]) Bei Lord Ward in Dudleyhouse. Vgl. Abbildung. Springer a. a. O. p. 88 zweifelt die raphaelische Herkunft dieses Bildes an und hält es für ferraresisch. Lübke's Meinung (Gesch. d. ital. Mal. II, p. 235), es könne von einem unselbständigeren Perusier herrühren, dürfte nur auf Grund einer kritischen Sichtung der venezianer Skizzen behauptet werden.

[4]) Die zur Linken hat einen Schleier um die Hüften, die beiden andern Korallenschmuck an Haupt und Hals bekommen. Aehnlich findet sich die Gruppe in den Fresken der Pal. Schifanoja zu Ferrara (Monat April); auf ital. Medaillen: Trésor de numismatique et de glyptique Pl. XXV, 6: Joan. Picus Mirandul; Pl. XXXV, 5: Maria Politiana; Pl. XLIV, 2: Joanna Albiza-Tornabuoni. Vgl. nach dem Stich nach der Antike, Bartsch, Schule Marcantons 340.

gewohnte perusische Neigung nach der Seite. Das Verhältniss der innern Gesichtsteile zu dem ovalen Umriss erinnert an die Typen des Sposalizio, während das Antlitz der Rechten auffallend dem der Madonna in der Krönung Mariä entspricht[1]).

Ob die malerische Behandlung, Pinselführung und Farbenauftrag, dazu nötigen, das Bild, wie Passavant tut, ins Jahr 1506 hinauszuschieben, muss ich dahin gestellt sein lassen; jedenfalls gehört es in diesen Zusammenhang. Es beweist uns im Verein mit jener Zeichnung aus dem venezianer Skizzenbuche, dass Raphael in Siena gewesen, als Pinturicchio die Ausschmückung der Libreria aufgetragen war.

G ehen wir nun zur Prüfung der vier dem Raphael zugeschriebenen Zeichnungen in Florenz und Perugia, in Chatsworth und Mailand über. Die beiden ersten sind mit der Feder gezeichnet, mit Bister getuscht und mit Weiss gehöht; beide scheinen ursprünglich, soweit der Zustand des Blattes in Casa Baldeschi erkennen lässt, auch die gleiche Grösse gehabt zu haben.

Was die darauf befindlichen Aufschriften anlangt, so kann über Raphaels Urheberschaft kein Zweifel walten. Man vergleiche nur die Form der Buchstaben, den Ductus der Feder hier mit dem leicht zugänglichen Facsimile der von Braun photographirten Zeilen an Domenico Alfani, auf der Rückseite der für diesen Freund gefertigten Zeichnung einer heiligen Familie[2]), oder dem bei Quatremère de Quincy und Longhena lithographirten Brief an seinen Oheim Simone Ciarla vom 21. April 1508[3]).

Dies unantastbare äussere Argument gewinnt bei dem florentiner Blatte durch den Inhalt der schriftlichen Bemerkungen noch mehr Bedeutung[4]). Hier stehen auf dem oberen Teil fünf zusammenhängende Zeilen, und an fünf andern Stellen mitten zwischen den Gegenständen der Darstellung hat dieselbe Hand einzelne Bezeichnungen eingefügt. Sie besagen etwas, das man weder aus der Scene selbst ohne Weiteres herauslesen, noch nach dem Fresko hinzusetzen konnte, müssen also wol zu der künstlerischen Erfindung als solcher in Beziehung stehen.

Wer ohne von dem historischen Vorgang zu wissen das Blatt betrachtet und die schriftlichen Notizen ungelesen lässt, kann nur einen Zug von Reisenden erkennen, der sich von links nach rechts bewegt, darunter einige Cardinäle, die in Begleitung ihres teils berittenen, teils zu Fuss gehenden Gefolges am Meeresufer entlang einem Hafenort zustreben, wo ein Schiff mit Gütern befrachtet wird. In der Ferne bemerkt man noch einen andern Seehafen und zur Linken wird der Ausblick durch zwei Inseln geschlossen.

Was aber Kenntniss des geschichtlichen Verlaufs in der Zeichnung sucht, ersehen wir z. B. aus den Angaben von Burckhardt und Grimm. Der Erstere nennt sie „die Landung in Libyen", der Andre erblickt „an der Spitze einer von links heransprengenden Cavalcade den Capranica mit Enea Silvio. Auf dem Wege zum Concil nach Basel ist er, einem Seesturm glücklich entronnen, eben bei Genua, das man im Hintergrunde sieht, ans Land gestiegen und im Begriff weiter zu eilen."

Aehnlich abweichenden Erklärungen begegnen wir da, wo die fertige Wandmalerei

---

[1]) Was die Beine betrifft, dürfte auch ein Hinweis auf den der Mittleren ähnlich gestellten Knappen in der zugehörigen Anbetung der Könige nicht überflüssig sein.

[2]) Musée de Lille. Br. 100; vgl. Passavant Nr. 378, frz. Ausg.

[3]) Das Original ist mit der einen Hälfte des Museo Borgiano aus Velletri in das Collegio di Propaganda Fide zu Rom gekommen.

[4]) Braun, Uffizien 510. Vgl. unsere Abbildung, Taf. IV.

beiragt ward. In dem epitaphio heisst es nur: Basileam ad concilium contendens vi tempestatis in Libyam propellitur. Da man in dem ruhigen wolgeordneten Reiterzug nicht leicht vom Seesturm Verschlagene erkennen mag, deuten Crowe und Cavalcaselle das Bild als „Abreise zum Concil nach Basel"; sie nennen den Hafenort Piombino, wo der im Jahre 1431 durch den schismatischen Capranica in Siena zum Secretär gewählte Aeneas Sylvius sich mit diesem einschiffte, und finden in dem drohenden Gewölk das Unglück der nachfolgenden Reise angedeutet.

Der unbefangene Betrachter wird sich darnach vor dem Wandgemälde die Sache etwa so zurechtlegen: die Hauptperson in dem Reiterzug ist der stattliche junge Herr ganz vorn in der Mitte, der statt in seinen Brief zu uns herausschaut. Der Cardinal, der ihn mitnahm, ist natürlich einer von denen im roten Hut. Das Thor der Hafenstadt zur Rechten bedeutet offenbar das Ziel der Reisenden. „Am Himmel ist geschäftige Bewegung", linkshin entweichen schwere Wetterwolken, während über der Stadt zur Rechten der Regenbogen leuchtet.

Was aber eigentlich geschehen ist oder geschehen soll, in welchem Bezug die prächtige Cavalcade zu der aufgeregten Natur stehe, bleibt unklar. Jedenfalls ergiebt sich nicht das, was die schriftlichen Bemerkungen des Entwurfes als Inhalt seiner Darstellung bieten. Hier liest man oben:

La hiftoria e Quefta che Mz enea era i la Comitiua de Mz Dominicho[1] Da Capranica elQuale era fatto Cardinale & nõ publicato . Quando elditto andaua i Bafilea al Conciilio & intrato inmare alporto a Talamone & efendo p(er) intrare nel porto de Genoua fo[2] afsalito da la Tenpefta[3] e buttato[4] fine[5] i Libia.

Der voranreitende Prälat wird durch nochmalige Beischrift als *Mz domenicho da Crapranicha*[6] bezeichnet, offenbar damit man ihn nicht unter den Herrn im Cardinalshut suche; er trägt das einfache Käppchen, weil er *non era publicato, quando andaua in Basilea*[7]. Am Thore des nächsten Ortes lesen wir „*Talamone*", den Namen eines zwischen Grosseto und Orbetello gelegenen Hafens. Die weiterhin rechts sichtbare Seestadt wird „*Genoua*" genannt; darüber deuten die Köpfe der blasenden Winde in dunklem Gewölk die drohende Gefahr an. Die Inseln, welche links den Horizont begränzen, heissen „*fardignia*" und „*Corficha*". Die geographische Lage ist also naiv genug nach künstlerischem Bedürfniss concentrirt; wir erfahren aber genau, was der Maler sich zurechtgelegt, und welchen Moment er darstellen wollte.

Dieses Blatt nun scheint dem Auftraggeber oder seinem Vertreter in Siena vorgelegt, und dafür mit den Notizen wahrscheinlich ‚secondo li era dato in memoriale‘, versehen zu sein. Die Piccolomini müssen darauf gewünscht haben, mehr die wunderbare Rettung aus Sturmesgefahr betont zu sehen, und man verfiel auf das siegreiche Erscheinen des Regenbogens nach dem sündflutlichen Wetter. Die Composition hätte dann so gedreht werden müssen, dass wir eine endlich gelungene Landung erblickten, während die Zeich-

---

[1]) *Dominicho*] Domenicho. Pass.

[2]) *fo*] fu. Pass.

[3]) *Tenpefta*] tempesta. Pass.

[4]) *buttato*] buttato. Pass.

[5]) *fine*] fino. Pass.

[6]) *Crapranicha*] Crapanicha. Pass.

[7]) Wie viel Gewicht hierauf zu legen ist, erhellt aus der Erzählung vom Hute, mit der Vespasiano Fiorentino seine kurze Lebensbeschreibung des Dom. Capranica eröffnet: „per la fua fingulari uirtù fu afsunto alla degnita del cardinalato da papa Martino, nominato alla fine della vita fua; ma non ne aveva avuto il cappello. Andò al concilio di Basilea, non come cardinale, ma vescovo di Fermo. Fu nel concilio molto ftimato; l'andata fua al concilio fu con più cardinali, de' primi del collegio. Il concilio, veduta la fua virtù, gli dette il cappello. Sendo la corte in Firenze, pregata da papa Eugenio e da' cardinali che veniffe in corte, vi venne, e nell' entrare in Firenze portava il cappello come cardinale. Papa Eugenio voleva che veniffe fanza cappello, e darglielo di poi lui; ma non volle mai acconsentire.....

nung die fröhliche Abreise bot. Dabei geriet der ausführende Maler in Verwirrung: er hat sich bemüht, den eigentlichen Sinn der Darstellung zu ändern, ohne den Entwurf als solchen preiszugeben, d. h. ohne selbständig eine neue Composition zu schaffen. Der Moment der Einschiffung wurde verwischt, indem man die Verpackung der Güter wegliess; die rechte Seite, wo vorher neben dem Hafen Talamone noch das ferne Genua Platz gefunden hatte, ist im Fresko durch eine einzige kleine Seestadt am hügeligen Ufer eingenommen, und drübenher, wo die Inseln lagen, scheinen die Türme einer andern Stadt unter den Regengüssen hervorzuschimmern. So ist ein zwitterhaftes Ding entstanden, bei dem jede Auslegung auf einen festen Moment hin Schwierigkeiten begegnet, die einer einheitlichen Erfindung widersprechen[1]).

Wie dem nun sei, jedenfalls besteht zwischen dem Entwurf und der Ausführung eine innerliche Differenz, die wenigstens so viel bezeugt, dass die schriftliche Erklärung des florentiner Blattes nur von dem Schöpfer dieses Entwurfes selbst herrühren kann, mithin, dass die Zeichnung ebenso gewiss wie seine darauf befindliche Handschrift dem Raphael gehören muss.

Wie aber, wenn ausser dem Accent auf die wunderbare Errettung noch etwas anderes in dem Entwurf Verbesserung forderte, wenn man ihn für historisch unrichtig hielt? Stellt doch das Fresko weder die Einschiffung noch eigentlich eine Landung nach Sturmesnot, sondern den ruhigen Zug einer wol ausgestatteten Cavalcade längs der Meeresküste dar. — Einen befriedigenden Aufschluss über das Verhältniss der raphaelischen Composition zu dem Gemälde Pinturicchio's dürfen wir uns erst versprechen, wenn wir hinter die künstlerischen Erzeugnisse zurückgehen und uns nach den Quellen umsehen, die ihnen etwa zu Grunde gelegen.

Der Contrakt mit dem Cardinal Francesco spricht von einem Leitfaden, welcher zum Gebrauch des Meisters zusammengestellt werden, jedenfalls die gewählten Momente aus dem Leben Pius' II. historisch erläutern sollte. Wir dürfen voraussetzen, dass er gleich dem gerichtlichen Abkommen selber in der Vulgärsprache abgefasst war, um so mehr, als in den lateinischen Unterschriften, die der Maler sicher nur copirte, trotzdem mancherlei Fehler verraten, wie ungeläufig den Künstlern diese Sprache war.

Der Inhalt dieser ebenfalls im Contrakt erwähnten Epitaphien ist das nächste, das bei der Quellenuntersuchung in Betracht kommen muss. Schon die Fassung des Ersten belehrt uns, dass sie selbst für den Zweck eines solchen Leitfadens bei der Erfindung des Malers nicht ausreichen konnten. Es sagt: „Enea Silvio Piccolomini wurde als Sohn des Silvius und der Victoria am 18. October 1405 zu Corsignano auf dem Familiengut geboren. Auf der Reise zum Concil nach Basel wird er von einem Unwetter bis nach Libyen verschlagen." Der erste Satz dieses Indice hat schon Vasari zur Erdichtung eines nicht vorhandenen Bildes der Geburt Enea's verleitet; der zweite ergänzt wol das Dargestellte durch Erzählung des Nichtgemalten, giebt jedoch über den Vorgang, den uns der Maler zeigt, wenig Aufschluss. Das Nämliche ist auch bei den übrigen Inschriften mehr oder weniger der Fall. Sie werden überhaupt ziemlich nachlässig und ohne Rücksicht auf den Künstler verfasst sein: nach ihrem Text allein würde man schwerlich anzugeben vermögen, welche zehn Momente in der Bilderreihe zur Erscheinung kommen[2]).

Wir müssen deshalb weiter zurückgreifend nach einer Quelle dieser Epitaphien

---

[1]) Schon darnach kann wol Niemand mehr auf den Einfall kommen, als könne die florentiner Zeichnung eine Studie nach dem fertigen Fresko sein.

[2]) Das bezeugt die Beschreibung Vasari's, der seiner Erinnerung mit diesen Inschriften zu Hülfe kam und so ganz confus wird, sowie die unten folgende Gegenüberstellung.

2

fragen, die ihrerseits ausführlich genug wäre, um der Phantasie des Malers genügenden Anhalt zu gewähren.

Eine Lebensbeschreibung Pius' II. war von seinem vertrauten Secretär und Hofpoeten Johannes Antonius Campanus geschrieben, der auch mit dem Neffen Francesco Piccolomini in freundschaftlicher Beziehung stand. Diese Vita ist 1495 zu Rom in den gesammelten Werken des Campano gedruckt, und aus ihr hat der Verfasser der Epitaphien sich den Text zusammengelesen. Die untenstehende Heraushebung des entscheidenden Wortlautes wird dies zur Genüge dartun.

Unsere Ueberschriften geben den wirklichen Gegenstand der Darstellung, zeigen also, wie unzutreffend die zugehörigen Epitaphien oft sind.

Fresko I. Reise zum Basler Concil.

AENEAS SILVIVS PICOLOMINEVS NATVS EST PATRE SILVIO MATRE VICTORIA XVIII. OCTOB . ANN , MCCCC . V. CORSIANI[1]) IN-FVNDIS[2]) GENTILITIIS BASILEAM AD CONCILIVM CONTENDENS VI TEMPESTATIS IN LYBIAM PROPELLITVR.

Patre Syluio postumo... matre Victoria... Natus est quintodecimo Kal. Noue(m)bris Corsiniani: quod oppidum duo & XX milia pafsuum distat a Sena in fundis gentilitiis.... Pertaesus rerum domesticarum: fimul & quaerendae gloriae cupidus Bafileam Heluetiorum urbem contendit: quo in loco... concifium habebatur.... cum populonia[3]) foluifset aduerfam incidens tempestatem... ui uentorum... in Libyam usque propellitur.

II. Audienz bei König Jakob von Schottland.

AENEAS SILVIVS A BASILIENSI CONCILIO IN VLTERIOREM BRITANNIAM ORATOR AC SCOTIAM AD REGEM CALEXIVM[4]) MISSVS A TEMPESTATE IN NOVERGIAM (!) PVLSVS ET PER BRITANNIAM REGIOS SPECVLATORES ELVDENS BASILEAM REVERTITVR.

Hinc ulteriorem in Britanniam: nunc Scotiam mifsus ad Regem adverfus citeriores Britannos... follicitandum: ad Calexium ingrefsus oceanum perpulfus XII dies ad cafum nauigauit... dum Scotiam petit: in Norvegiam pellitur... Scotia decedens... habitu mercatoris repetita Britannia regios fpeculatores aftu elufit.

III. Dichterkrönung.

HIC AENEAS AFOELICE .V. ANTIPAPA LEGATVS AD FEDERICVM . III. CAESAREM MISSVS LAVREA CORONA DONATVR ET INTER AMICOS EIVS AC SECRETARIVS (!) ANNVMERATVR ET PRAEFICITVR.

Foelicem tamen antipapam aliquamdiu fecutus eft; a quo Legatus mifsus ad Fedricum Caefarem... laurea donatur: quod poetarum infigne praecipuum Germani habent. Mox & inter amicos Caefaris relatus: adfcriptusque fecretariis haud multo post praefectus eft.

IV. Huldigung Eugens IV. [5])

AENEAS A FEDERICO III. IMP. AD EVGENIVM IIII. MISSVS NONSOLVM EL RECONCILIATVS EST SED HIPPODIACONVS (!) ET SECRETARIVS MOX TERGESTINVS DEINDE SENENSIS ANTISTES CREATVS.

Prima legatione Cefaris nomine ad Tergeftanos functus... Altera ad Eugenium... Eo reconciliato rebus ex fententia confectis diuertit ad partem... Eugenio quoque Secretarius factus eft abfens... Praefectus eft Tergeftanis, rumore temere orto de Praefulis morte... Mox cum vivere Antiftes nun-

---

[1]) Soll heissen CORSINIANI, Corsignano das nachmalige Pienza.

[2]) Crowe und Cavalc. lesen ineundis (ed. Jordan IV, p. 298).

[3]) Es ist Piombino gemeint.

[4]) Der Verfasser der aus Britannia ulterior und Scotia zwei Länder macht (ac statt nunc) gab auch dem Schottenkönig den Namen Calexius nach dem Hafenort Calais!

[5]) Nur in diesem Fresko ist noch eine zweite Scene im Hintergrund angebracht: Einsetzung zum Bischof von Triest.

Dieser genaue Anschluss an die Vita Pii II. von Campanus [1]) würde es glaublich machen, dass auch dasselbe Buch dem für Pinturicchio bestimmten Memoriale zu Grunde gelegen, zumal der vertraute Secretär dieses Papstes selbst als wolunterrichtet gelten musste.

---

tiaretur Hypodiaconus efficitur... Nicolaus V... id quod Eugenius deſtinauerat, Tergeſtanis prae-fecit... Interea designatus eſt Senenſium Antiſtes absens, quamvis infenſa nobilitate ciuitas alium poſtularet.

V. Begegnung Friedrich III. und Eleonora's von Portugal.

AENEAS FEDERICO . III . IMP. LEONORAM SPONSAM EXHIBET ET PVELLAE LAVDIS (!) AC REGVM LVSITANORVM COMPLECTITVR.

Senae ad aream pomerii ſponſa Federico exhibita; orationem habuit perelegantem; quae puellae Lu-ſitanorumque regum laudes complecteretur.

VI. Erhebung zum Cardinal durch Calixt III.

AENEAS SENEN. ANTISTES AD CALISTVM .III. ORATOR A FEDERICO IMP. III. MISSVS. AD BELLVM ASIATICVM ARMAT ET PA-TRVM PRINCIPVMQ: OMNIVM ROGATIONE CARD. EFFICITVR.

Legatione ultima mifsus ad Calixtum Nicolao fuf-fectum: ubi iuſiurandum exhibuit Caefarem illi pariturum; hortatus eſt fenem ad bellum Aſiaticum fuscipiendum ... Tum demum reuerſus Romam Cardinalis poſtulatione Patrum deſignatur.

VII. Krönungszug Papst Pius' II.

CALISTO MORTVO AENEAS CARDINALIS SENEN. ACCLAMATIONE PATRVM APER-TISQ: SVFFRAGIIS PONT. DELIGITVR ET PIVS II NOMINATVR.

Cum nuntiatum eſt Calixtum obiifse; celeriorem ejus reditum patres fecere: ... Eſt & inter rede-undum uulgo Pont. maximus confalutatus. In comitiis pontificem fuffragiis apertis acclamatum: prorupuifse in lachrymas conflat.

VIII. Congress zu Mantua.

PIVS II PONT. MAX. A LVDOVICO MANTVA-NOR' PRINCIPE CLASSE IN NAVMACHIE SPECIEM EXCEPTVS .VI. CALEN. IVNIAS. MANTVAM CONVENTVM INGREDITVR.

Ad eum locum (Stellatam oppidum) Ludouicus Gonzaga Mantuanorum princeps occurrit: claſse utraque in naumachie fpeciem concurſante... In-grefsus Mantuam... fexto Kl'as Junias... Expoſita ratione belli fufcipiendi in Turcas.

IX. Canonisation der Katharina von Siena.

PIVS II PONT. MAX. CATHERINAM SENEN. OB IN NVMERA (sic) EIVS MIRACVLA INTER DIVAS RETTVLIT.

.. Catherinam Senenfem cuius multa extare mira-cula ferebantur: in diuinarum rettulit numerum apparatu aeque magnifico.

X. Letzte Huldigung zu Ancona.

PIVS CVM ANCON. EXPEDITIONĒ IN TVR-COS ACCELERARET IN FEBRE INTERIIT CVIVS ANIMAM HEREMITA CAMALDVLEN. IN COELVM EFFERRI VIDIT CORPVS VERO PATRVM DECRETO IN VRBEM REPORTA-TVM EST.

Qua die atque hora decefsit Anconae: in Hetruria Camalduli... Senex Germanus... uidere fe ex-clamauit magnum facerdotem corona triplici & candido amictu deferri in coelum .... Expeditione in Turcos uehementius incubuit... Auidius fufcepto itinere incidit in febriculam ... Decefsit anno aetatis nono & quinquageſimo .... Corpus decreto Patrum fubfequentibus ipſis relatum Romam eſt.

---

[1]) Auf dem Titel der Opera Campani ist als Zeichen des Autors eine Glocke. a. E.: Romae per Eucharium Silber alias Franck .... M.CCCC.XCV. Pridie Kl'as Noue(m)bris. Die Vita auch in Aeneae Silvii Opera omnia, Basei 1551 und bei Muratori, Rer. Ital. Script. III, II, p. 970 ff. Die Hinweisung auf diese Quelle der Epitaphien verdanke ich Herrn Prof. Dr. Herman Grimm.

Vielleicht ist also seine Erzählung im Stande, uns den Inhalt des ersten Wandgemäldes zu erklären. „Des häuslichen Lebens müde und begierig sich Ruhm zu erwerben, begab sich Enea nach Basel, einer Stadt der Schweiz, wo das lange vorher angesagte Concil damals gegen den Papst Eugen gehalten wurde. Da der Weg verlegt und wegen des Kriegs mit den benachbarten Florentinern gefährlich war, gieng er, um den Seeweg längs der ligurischen Küste einzuschlagen, in Populonia zu Schiff, wurde aber von einem Sturm überfallen, um ganz Corsica und Sardinien herumgetrieben und bis nach Libyen verschlagen. Als er dann ins ligurische Meer zurückgelangt und ans Land gestiegen war, wo keine Hindernisse mehr drohten, entschloss er sich, aus Ueberdruss an der Seefahrt und durch die soeben überstandene Gefahr abgeschreckt, lieber unter freiem Himmel zu übernachten als ins Schiff zurückzukehren und zog seines Weges über Genua und die Alpen weiter." Das stimmt recht wol zu unserem Fresko: wir hätten darnach als dargestellten Moment die Weiterreise auf dem Landweg zu erkennen, nachdem man an unbewohnter Stelle die ligurische Küste erreicht hatte. Der wolgeordnete Reiterzug in seiner prächtigen Ausstattung bleibt allerdings befremdlich, und Campanus redet überall nur von Aeneas, während hier mehrere nennenswerte Personen beisammen sind. Der Zweifel steigert sich, wenn wir fragen, ob der Maler allein nach dem Text des Campanus im Stande sein konnte, die Scene so reichhaltig zu schildern, wie wir sie sehen. Darüber müsste uns die florentiner Zeichnung aufklären, welche als Entwurf die Erfindung des Künstlers in ursprünglicherer Gestalt darbietet. Diese berichtet nun sogleich von Domenico Capranica, den der junge Piccolomini eben nach Basel begleitet; hier finden wir betont, dass dem Prälaten damals noch der Cardinalshut fehlte, und müssen offenbar eine Anweisung ihn ohne diesen darzustellen voraussetzen. Das Memoriale des Künstlers war also genauer unterrichtet. Ausserdem ist hier der Ritt zum ersten Hafenort mit den Vorbereitungen zur Seereise gewählt, ein früherer Moment, bei dem Campano gar nicht verweilt. Am Horizont erblicken wir Corsica, Sardinien und drüben rechts Genua mit den feindlichen Winden darüber, offenbar als Hauptpunkte in der bevorstehenden Irrfahrt; Campanus aber erwähnt Genua nicht als Ziel des Aeneas, der in Piombino unter Segel gieng, und giebt nachher ausdrücklich an, er sei, an der ligurischen Küste angetrieben, nicht wieder zu Schiff gegangen, sondern zu Lande weiter gezogen. Es wird also entweder bei dem Künstler oder beim Biographen eine Ungenauigkeit stecken; jedenfalls aber muss die Erzählung, welcher Raphael bei der Erfindung seines Entwurfes folgte, aus anderer Quelle geflossen sein.

Hätten nicht jene Unterschriften so zwingend auf Campano's Vita Pii II. gewiesen, so würden wir an erster Stelle gewiss nach den eigenen Schriften dieses Papstes gegriffen haben, denen wir heute noch die anschaulichste Schilderung seiner Laufbahn und ein geistreiches Spiegelbild seiner Zeit verdanken. Die lateinischen Originale befanden sich ohne Zweifel damals im Besitz seines Neffen, des Cardinals Francesco zu Rom, und werden von diesem zu Rate gezogen sein, als er die zehn Darstellungen für den Auftrag Pinturicchio's auswählte. Eine Vergleichung dieser Memoiren [1]) mit Raphaels Entwurf zeigt, dass sich hier alle individualisirenden Details boten, welche die Phantasie des Künstlers bei dem kurzen Referat Campano's entbehrt hätte.

---

[1]) Pii II Commentaria, zuerst gedruckt Rom 1584. Das Macr. ist zu Rom in der Bibl. Corsini Nr. 147, Cod. pergam. miniat. in fol. Auf fol. 1 Bildniss des Papstes und zwei andre, wahrscheinlich des Joan. Campanus und des Schreibers Gobellini, Fol. 431 b a. E.: Divo Pio Secundo Pont. Max. Volente Johannes Gobellini De Lins Vicarius Bonnen. Coloniensis Dioc. Hoc Opus Anno Domini M° CCCC° LXIIII° Die XII Mensis Junii Escripsi Foeliciter. Dasselbe Werk mit der Fortsetzung des Card. v. Pavia bis 1469, daselbst Nr. 860. Mit dieser Fortsetzung und dem Briefwechsel des Card. Jac. Ammanati-Piccolomini gedruckt: Frankfurt 1614. fol.

„Das Schicksal wollte, dass Domenico Capranica, den Martin V. zur Würde des Cardinals berufen, sein Nachfolger Eugen IV. aber verschmäht hatte, nach Siena kam. . . . Seine Absicht war, da man ihm in Rom die Ehre versagte, beim Concil zu Basel sein Recht zu fordern. Von ihm wurde Aeneas als Secretär angenommen und gieng mit ihm nach Piombino, was sonst als aus den Trümmern Populonia's erbaut auch Populinum genannt wird. Von hier wollte Domenico, weil der Landweg durch Kriegsunruhen gefährdet war, durchs ligurische Meer nach Genua fahren und das Schiff lag schon in Sicht. Der Tyrann des Ortes, Jacopo Appiano, hielt ihn aber durch listige Verstellung hin, und er verliess deshalb heimlich mit nur einem Gefährten die Stadt, dang am Ufer einen Nachen und entkam so in das Schiff, das auf hoher See kreuzte. Am Tage darauf folgten ihm Aeneas und Petrus Noxetanus, die beiden Secretäre, mit dem sonstigen Gefolge in das Schiff, nachdem sie auf der Insel Elba eine Nacht unter freiem Himmel zugebracht. Als sie aber nach Genua steuerten, wurden sie von furchtbaren Stürmen verschlagen und glaubten Libyen zu erkennen [1]). Wieder zurückgeworfen, kamen sie zwischen Corsica und Sardinien mehr treibend als fahrend nach Italien zurück und landeten bei Porto Venere, wo sie eine Trireme nahmen und in glücklicher Fahrt nach Genua gelangt auf dem Landwege nach Mailand weiterzogen."

Darnach verstehen wir die Einzelheiten im florentiner Entwurfe sehr wol. Raphael beschränkt sich offenbar absichtlich auf den festlichen Auszug zum Hafenort; er zeigt uns das Schiff, das für die Weiterfahrt bestimmt ist; Niemand weiss, dass hinter dem Thore schon Arglist lauert. Die bevorstehenden Gefahren der Seereise verlegt er in den Hintergrund; aber die Art, wie dies geschieht, bezeugt wieder, dass er der Erzählung des Aeneas selbst folgt. Der Anschluss an Capranica ist die Hauptsache; denn damit beginnt ja eigentlich die ereignissreiche Laufbahn des Helden. Eine Reihe glänzender Erfolge wird mit dem hoffnungsfrohen Ausritt in die Fremde viel passender eröffnet als mit einer Flucht vor dem feindlichen Element.

Bei der durchgehends zutreffenden Uebereinstimmung mit der Selbstbiographie Pius' II. begegnet nur ein kleiner Anstoss. Raphael nennt als Ort der Einschiffung nicht Piombino, sondern Talamone, einen südlicher gelegenen Hafen, der damals zu Siena gehörte. Diese Verwechslung könnte in dem Memoriale, das sicher von einem mit der Beziehung seiner Vaterstadt zu Talamone vertrauten Sienesen verfasst wurde, allerdings gestanden haben. Da dies Schriftstück indess eine ziemlich getreue Uebersetzung des richtigen lateinischen Originals gewesen sein muss, wäre es wahrscheinlicher, dass Raphael sich geirrt. Bei ihm aber, dem Fremden, liesse sich dies nur aus dem Umstand erklären, dass im Verlauf des Memoriale, bezüglich der Begegnung Kaiser Friedrichs mit Eleonara von Portugal (Fresko V), mehrfach von Talamon, Enea's Reise dahin und einer Seefahrt die Rede ist [2]). In diesem äusserlichen Fehler wäre uns dann der unerwartete Hinweis erhalten, dass Raphael auch mit dieser fünften Darstellung, deren Entwurf sich in Perugia befindet, näher vertraut gewesen ist.

Grade diese ist auch für unsere Quellenuntersuchung von entscheidender Bedeutung. Die Schilderungen Pius' II. bieten noch für andere Scenen Einzelheiten dar, welche uns von seinem Epitomator Campanus entschieden auf ihn selbst zurückweisen. So stellt uns

---

[1]) „in conspectum Libyae delati sunt"; von einer Landung an der ihnen fremden Küste ist also gar nicht die Rede.

[2]) Vgl. Mscr. fol. 22, Aug. v. 1614, p. 18. Vasari beschreibt, mit irrtümlicher Benutzung der historischen Tatsachen, als Inhalt dieses fünften Bildes: Nella quinta storia è, quando il medesimo imperatore, volendo venire in Italia a pigliare la corona dell' imperio, manda Enea e Telamone, porto de' Sanesi, a ricontrare Leonora sua moglie che veniva di Portogallo.

das vierte Fresko dar: in conspectu cum Eugenii venisset Aeneas, ad osculum pedis, manus, et oris ab eo receptus [2]), während die Obedienzleistung für den deutschen Kaiser zu späterer Zeit, erst am Krankenbett des Papstes und hernach im Consistorium erfolgte. Zu der Canonisation der Katharina von Siena (Fresko IX) bemerkt Pius ausdrücklich: in Basilica beati Petri suggestum appari jussit, während Campanus nur im Allgemeinen vom festlichen Apparat spricht. Statt der eigentlichen Papstwahl zeigt uns der Maler die Krönungsprozession in S. Peter; denn Pius hat in seiner Selbstbiographie nach dem einleitenden Buche mit dieser Feier, die seine Regierung eröffnet, sein eigentliches Papstleben begonnen. Vollends aber beim fünften Bilde, der Begegnung Friedrichs mit Eleonore: hier hat Campanus einen nicht nur zu kurzen, sondern falschen Bericht. Er sagt in der oben vollständig citirten Stelle, Enea Silvio (damals Bischof von Siena) habe bei dieser Begegnung eine glänzende Rede zum Lobe der jungen Prinzessin und ihres Hauses, der Könige von Portugal, gehalten; nach der Erzählung des Enea selbst aber, die er uns sehr anziehend, am ausführlichsten in der Hist. Frider. III. gegeben [2]), war es der Dolmetscher des Kaisers, Heinrich Leubin, der die Freude seines Gebieters über den Anblick der Braut aussprach: *„Leonoram nobilissimo genere natam, forma pulcherrimam, moribus ornatissimam praedicavit,"* — was Campano offenbar *„puellae Lusitanorumque regum laudes"* nennt. Der Bischof Enea dagegen war nicht so taktlos, dem Kaiser seine hohe Gemalin in ihrer Gegenwart noch anzupreisen; er antwortete vielmehr im Namen Eleonorens: wie sie von der gefahrvollen Seereise freilich gelitten, doch aller Mühen vergessen habe, da sie ihren Gemal und Herrn unversehrt und heiter erblickt; wenn sie schon dem noch Unbekannten hold gewesen, werde sie jetzt ihn mehr und mehr lieben; sie wünsche nichts als von ihm geliebt zu sein, und gebe sich ihm so mit Leib und Seele zu eigen.

Die Zeichnung in Perugia folgt genau dieser Schilderung: wir erblicken an der Seite des Kaisers, vorn links, einen vornehmen Begleiter mit der deutlichen Geberde des Redens, die uns zugleich die schöne Prinzessin als Gegenstand seines bewundernden Lobes erkennen lässt: es ist offenbar Heinrich Leubin, den Campano gar nicht erwähnt. Der würdige Bischof von Siena hält sich dagegen auf Seiten der fürstlichen Braut und ist bereit für sie die Antwort zu übernehmen *„ad conciliandos magis illorum animos"* [3]). Nicht minder gründet sich die ganze übrige Erfindung, deren ursprünglichere Gestalt wir auch hier in dem Entwurfe sehen müssen, auf diese von Enea Silvio selbst geschriebenen Schilderungen, in den Commentaren wie in der Hist. Frid. III.: „Friedrich wartete mit den beiden päpstlichen Legaten (Cardinal von S. Susanna, dem Bruder Nicolaus' V., und Cardinal von S. Angelo) unter dem dritten Stadtthor auf die Ankunft seiner Verlobten. Als er sie erblickte stieg er vom Pferd, sie folgte flugs seinem Beispiel, und beide umarmten sich mehrmals. Dann traten sie auseinander, die Fürsten und Prälaten bildeten einen Kreis, und auf den Wink des Kaisers begann Heinrich Leubin die Anrede. . . . Aeneas erwiderte Einiges im Namen der Prinzessin. . . . Der Kaiser war zuerst erblasst, da er die Braut von ferne kommen sah; als er sie aber in der Nähe das anmutige Antlitz und ihr königliches Benehmen gewahrte, bekam er seine Fassung und Farbe wieder, und wurde sehr froh, da er die Gemalin noch schöner fand als sie ihm beschrieben war, und sich

---

[1]) Man vergleiche dagegen den oben mitgeteilten Text des Campanus, der diese Demütigung versteckt.

[2]) Ich darf statt der Commentare ohne Weiteres diese eingehendere Version heranziehen, da sie sachlich genau mit jenen übereinstimmt. Die hier entscheidende Stelle lautet dort: Verba nomine Caesaris Henricus Leubin pontificii juris interpres fecit. Imperatrici vice loquutus est Aeneas . . . . a. a. O. p. 20.

[3]) Augustini dati senem | sua opera. Impressum Senis ex Archetypo per | Symeonem Nicolai Nardi Anno | Salutis M. D. III. Sexto Kal. | Novembris. Er spricht fol. CCXXVIII, wie Campano, nur von der Rede des Bischofs Aeneas, giebt aber mit obigen Worten ihren Inhalt passend an.

nicht, wie es Fürsten bei solchen Vermittlungsheiraten wol begegnet, durch Worte getäuscht sah. An der Stelle wo dies geschehen war, errichteten die Sienesen später einen marmornen Stein mit einer Inschrift, welche den Nachkommen das Ereigniss überlieferte."

Campano's Abriss bot diese lebendigen Einzelheiten nicht; dagegen spitzt er das Ereigniss einseitig auf die Person seines Helden zu. Wenn wir also in dem ausgeführten Fresko die Gestalt des Bischofs Aeneas mehr hervorgehoben sehen, so wird das der Darstellung Campano's zuzuschreiben sein. Die Brüder des in Rom weilenden Cardinals und Papstes, welche die Ausführung an seiner Statt überwachten und nach dem Tode Pius' III. seine Testamentsvollstrecker waren, hatten sich um die gute Quelle des Memoriale kaum gekümmert, oder die Originalschriften Pius' II. nicht zur Hand, hielten sich vielleicht in bester Absicht an die gedruckte Vita seines ehemaligen Hofdichters und liessen darnach Aenderungen vornehmen, wo die Entwürfe nicht mit ihr zu stimmen schienen[1]. In unserm Fresko ist jedoch eine Gestalt der Autorität des Campanus nicht gewichen. Nach ihm durfte neben dem fürstlichen Paare nur der Bischof Aeneas als Hauptperson hervortreten; der reichgekleidete Junker, der an der Seite des Kaisers redend eingreift, erscheint darnach als störender Nebenbuhler des Helden Piccolomini. Er wurde nun freilich etwas bei Seite geschoben; dass er aber dasteht, bezeugt uns, wie die auffallende Rolle, die ihm der Entwurf zu Perugia einräumt, dass die ursprüngliche Erfindung des Künstlers, mithin die Anweisung des Memoriale nicht von dem Text des Campanus ausgegangen sein kann.

Die befremdende Erscheinung des dreinredenden Nobile ist hier aus der ursprünglichen Composition ebenso stehen geblieben, wie die prächtige Cavalcade der florentiner Zeichnung im ersten Fresko. So wenig der wolgeordnete Reiterzug für Seereisende passt, die von Stürmen umhergetrieben mit Müh und Not das Ufer erreicht und unter freiem Himmel übernachtet haben, so dürfen wir doch nicht verkennen, dass auch bei der Ausführung dieses ersten Wandgemäldes die Vita Pii II. des Campano massgebend gewesen ist. Die Unbestimmtheit des Geschehens, welche die Deutung des Bildes erschwert, ist mit eine Folge der ungenauen Angaben dieses für zuverlässig gehaltenen Biographen. Jedenfalls aber waltete bei der Umgestaltung des raphaelischen Entwurfs die Absicht, den heitern festlichen Charakter dieses „Ausritts" zu verwischen und die wunderbare Errettung des künftigen Papstes[2] zu betonen, mithin der Einfluss des Campano. Denn während Pius selbst in seinen Memoiren mit Vergnügen sich an die entscheidende Wendung erinnert, wo er mit Jugendmut auszog das Glück zu suchen, schildert der Verfasser des Papstlebens als dankbarer Prophet-ex-eventu alle gefahrvollen Erlebnisse seines Gönners von vornherein als Schicksale eines Auserwählten.

Das Resultat unserer Quellenuntersuchung ist also folgendes: das Memoriale, welches noch vom Auftraggeber Francesco Piccolomini selbst für den Maler besorgt wurde, war in allem Wesentlichen aus den eigenen Schriften des Enea Silvio geschöpft, und wahrscheinlich nur eine Uebertragung der bezüglichen Stellen des lateinischen Originals in die dem Künstler geläufige Vulgärsprache. Schon bei der Ausführung der Freskomalerei dagegen zeigte sich der Einfluss der Vita Pii II. von Campanus, die ihrerseits freilich

---

[1] Die Piccolomini in Siena standen überhaupt dem päpstlichen Vorfahren viel befangener gegenüber als der Cardinal, der das römische Leben kannte und selbst mehrere Kinder hinterliess: ihm war offenbar die Novellenauffassung der Memoiren ganz natürlich, die Andern sehen immer nur den Papst statt des Menschen und werden sogleich panegyrisch und devot.

[2] So erklärt sich auch im ersten Bilde die Veränderung, die mit Raphaels Junker Enea bei der Ausführung vorgenommen wurde. Vgl. unten S. 17.

auch aus den Commentaren des Aeneas Silvius geschöpft ist, deren Redaction dem Verfasser anvertraut war, doch aber mit panegyrischer Tendenz die Person des Helden überall heraushebt. Aus dieser Vita stellte dann ein ungeschickter, oder des Lateinischen nicht mächtiger Epigraphicus die Unterschriften der Fresken zusammen, welche weder ihrem erklärenden Zweck hinreichend entsprechen, noch von den Versehen des ausführenden Malers befreit sind.

Für die in Frage stehenden Zeichnungen, in Florenz und Perugia, welche beide Raphaels Handschrift aufweisen, ergab sich auf doppeltem Wege, dass sie die innigste Vertrautheit mit der ersten Erfindung des Gegenstandes voraussetzen, dass sie der naiven Auffassung des unbefangenen Künstlers sowol, wie der vom Auftraggeber dargebotenen Quelle näher stehn als die spätere Ausführung, während die letztere sich nicht zu freier Umgestaltung erhebt. Nach alledem müsste es durch ganz besondere, der sonstigen Erfahrung widersprechende Umstände erklärt werden, wenn wir in dem florentiner Entwurf mit Raphaels Handschrift zugleich nicht auch seine Erfindung erkennen sollten.

So lange freilich, als diese Tatsachen nicht in Betracht gezogen wurden, blieb der Einwand Layards, eine nur stilistische Begründung für Raphaels Autorrecht an den in Frage stehenden Zeichnungen sei nicht stringent [1]. Nachdem aber diese feste Grundlage gewonnen ist, dürfen auch die rein künstlerischen Eigenschaften ihr volles Recht behaupten.

Zunächst bestätigt sich die Echtheit des florentiner Blattes durch eine vorbereitende Studie, die ebenfalls in der Sammlung der Uffizien erhalten ist: vier nach rechts sprengende Reiter, deren erster links von einem Speerträger begleitet wird [2]. Dieser vorderste Reiter ist in dem ausgeführten Entwurf an gleicher Stelle wiedergegeben, und stimmt, mit Ausnahme nur des summarisch behandelten Kopfes, in Bewegung, Formen, sogar im Geschirr des Pferdes überein. Diesem ruhigeren Reiter gesellt Raphael auf der Skizze drei lebhaft herangalopirende Genossen bei, von so lionardeskem Schwung, dass Niemand sie dem Pinturicchio wird zutrauen können. Der Speerträger ist ebenfalls in dem Entwurf vorn rechts und nochmals im Mittelgrunde benutzt, ein Motiv, das ähnlich auf dem Predellenbilde der Kreuztragung vorkommt, welche schon Grimm mit unserm Reiterzug in Verbindung gebracht hat [3].

In die charakteristischen Eigenschaften des Entwurfes dringen wir jedoch am besten ein, wenn wir ihn mit dem fertigen Wandgemälde vergleichen. Die absichtliche Umgestaltung, welche der Klarheit des Sinnes wesentlich geschadet, ist eben besprochen worden: trotz ihrer stimmen Zeichnung und Fresko noch so weit im Einzelnen überein, dass man die Uebertragung der ganzen unteren Hälfte annehmen muss, wie das Quadratnetz auf dem Blatte noch verrät.

Bei diesem Prozess sind indess wieder teils absichtliche, teils aus Ungeschick entstandene Veränderungen vorgefallen. Auf der Zeichnung trägt der sechsundzwanzigjährige

[1] „The sketches are attributed to Raphael, — upon what evidence, except the authority of Vasari, I am ignorant. The proof afforded by their style is not, to my mind, conclusive." The Frescoes by Bern. Pinturicchio in the Collegiate Church of S. Maria Maggiore at Spello. (Publ. der Arundel Society 1858, p. 11.)

[2] Braun 505. BKC. 471.

[3] Leben Raphaels p. 73. Die Zeichnung, Copie, in Florenz. Braun 511. BKC. 464. Dies Motiv kommt auch bei Pinturicchio in der Disputation der heil. Katharina (Appartamento Borgia) vor.

Enea ein leichtes Barett und enganschliessendes Reisekleid, das die wolverstandenen Körperformen plastisch hervortreten lässt; er stemmt seine Rechte in die Seite und schaut wie ein echter, lebenslustiger Junker darein, der in allen ritterlichen Künsten wolerfahren in die Welt hinauszieht. In dem Fresko drückt ihn ein breitkrämpiger Hut und ein schwerer Mantel mit steifem Kragen, während die Hand einen Brief präsentirt; gewiss, damit uns der künftige Papst von vornherein desto würdiger erscheine[1]. Ungeschicklichkeiten, die nur von den fahrlässigen Gehülfen verschuldet sein können, sind besonders folgende: das Pferd des jungen Reiters zur Linken hat seine Hinterfüsse verloren; wie es im Fresko aussieht, wirft es sie weit rückwärts und müsste mit diesem Satz den im Paradeschritt vor ihm herreitenden Aeneas über den Haufen stossen. In der entstehenden Lücke wurde der Hund angebracht, der mitten im lebhaften Zuge steif dasteht. Wie viel lebendiger ist trotz ruhigem Stillstand ein ähnliches Windspiel, das auf Raphaels Predellenbildchen zur Krönung Mariä vorkommt! Nicht minder gedrechselt sind im Fresko die Beine des Maultiers dahinter und der prunkende Schweif des weissen Rosses, das Enea reitet. Der Page links neigt nun zu dem Hunde den Kopf etwas stärker als auf der Zeichnung, die beiden Prälaten vorn erscheinen in strictem Profil, und überhaupt sind fast alle Gesichter so zurechtgebogen, wie es dem ausführenden Maler bequem war. Bezeichnend ist auch die Vergleichung des Hellebardenträgers zur Rechten: auf die fehlerhaft gewordene Beinstellung im Fresko hat Grimm hingewiesen; auch die Hellebarde ist umgedreht, schräger gestellt und schneidet so beinahe das linke Ohr und die erhobene Hand des Mannes, wodurch ein ungeschicktes Zusammentreffen von Linien entsteht. Ausserdem aber ist bei ihm am auffallendsten der Unterschied in der ganzen Formenbildung bemerkbar, und damit kommen wir zu der entscheidenden inneren Divergenz.

Bei Raphael sind es, obgleich er nie die perusische Anschauungsform verleugnet, doch mit Muskelenergie begabte Glieder, denen man anmerkt, wie er sich über jede Bewegung angesichts der Natur Rechenschaft gegeben. Wie straff sitzen seine Reiter im Sattel, wie elastisch schreiten seine Fussgänger; im Fresko sind es Gliederpuppen und schlaffe Kerle. Ebenso lebendig sind seine Rosse; in der schülerhaften Uebersetzung erscheinen die ruhigeren wie aus Holz geschnitzt, die springenden wie Gängelpferdchen. Endlich, wie weit steht die raphaelische Zeichnung in der Wiedergabe des Landschaftlichen, in dem Gefühl für Luftperspektive und Fernsicht über der Ausführung an der Wand, wo uns schon die nächste kleine Seestadt allzu dicht auf den Leib rückt.

Natürlich konnte die Vorlage nicht benutzt werden, ohne dass ein Hauch ihrer Frische und ihres Liebreizes in die Freskomalerei übergieng; das Resultat entspricht indessen der Weise Pinturicchio's. Sind doch die Typen selbst, die auf der Zeichnung das unzweifelhafte Gepräge Raphaels tragen, hier in der Ausführung fast ganz assimilirt. Die letztere zeigt die abgeschlossene Vorstellungswelt eines fertigen Meisters, der über seine bequeme Geläufigkeit nicht hinausgeht und seine Schablonen auch wol Gehülfen überlässt, die Zeichnung dagegen den beobachtenden, lernenden, wachsenden Künstler, der zwar noch innerhalb der Localschule steht, aber neue Eindrücke verarbeitet, schon eine eigene Behandlung der Körperformen, der Kopftypen, der Geberdensprache hervorbringt. Diese Merkmale neuen Lebens treten natürlich dort besonders heraus, wo Interesse, Sorgfalt im Einzelnen und spezielle Naturbeobachtung sich verbinden, während Nebendinge, summarisch abgefertigt, noch nach gewohntem Zuschnitt der Schule ausfallen.

Halten wir eine Rundschau unter Raphaels gleichzeitigen Compositionen und Einzel-

---

[1] Diese Vermutung, die Grimm, L. R.'s, p. 71 ausgesprochen, bestätigt sich durch den oben constatirten Einfluss der Vita Pii II. des Campano.

studien nach der Natur, so bieten sich zahlreiche Beziehungen und Zeugnisse enger Verwandtschaft. Man lege die Anbetung der Könige [1]) vom Gradino der Krönung Mariä neben das florentinische Blatt und vergleiche die Pferde, die dort nur in bescheidener Zahl und in Ruhe auftreten. In den Köpfen der Zuschauer die selbe Neigung zu einem ovalen Umriss, der von der Nase ab sich schnell zuspitzt, während er gleich über den Augen eine starke Breite und dazu fast rein halbkugelige Schädelform zeigt. — Einen schlagenderen Vergleich jedoch bietet ein Blatt des Skizzenbuches in Venedig, zugleich ein Document für die Zusammengehörigkeit einer Gruppe von Arbeiten, die wir fernerhin noch mehrfach betrachten müssen. Die Zeichnung enthält vier Männerköpfe [2]). Zur Linken unten hat man immer eine Studie zum emporblickenden Haupte des rechts am Grabe stehenden Jüngers in der Krönung Mariä erblickt. Doch ist es weder dieser Jakobus, noch Johannes, sondern ein heiliger Sebastian, dessen zurückgebundene Arme hinreichend angegeben sind. Eine minder sorgfältige Skizze in Oxford bietet diesen Kopf genau von der Gegenseite [3]) und so stimmt er mit dem Kopfe des bezeichneten Jüngers. Rechts neben dem Sebastian-Jakobus haben wir das Conterfei eines alten Mannes aus dem Volke, der anscheinend für drei raphaelische Arbeiten dieser Zeit als Modell gedient hat. Am genauesten wol finden wir ihn im Sposalizio unmittelbar hinter Joseph; dann auch als alten Hirten in der Anbetung der Könige und als Zuschauer mit Zipfelmütze in der Darbringung, dem andern zugehörigen Predellenstück. Die beiden obern Köpfe desselben Blattes gelten für Porträtaufnahmen nach einem Original [4]). Die Aehnlichkeit hält indess nicht lange Stand; denn der rechts gehört einem kecken jungen Edelmann, der links einem weichen schläfrigen Bürschchen. Wiederholen wir mit dem letzteren das Experiment wie bei dem Apostel unten, so erhalten wir einen der beiden Reiter in der Anbetung; der Andere, ebenfalls von der Gegenseite, hat auffallende Aehnlichkeit mit dem Pagen, der mit Enea Silvio nach Basel zieht, ganz links auf Raphaels Entwurf: selbst das individuelle Grübchen im Kinn ist beibehalten.

Das Blatt in Venedig beweist mithin den Zusammenhang des Sposalizio, der Krönung Mariä nebst ihrer Predella und der Arbeit für Pinturicchio's Fresken in Siena, in so vielfacher Verschlingung, wie man sie nur bei fast parallelgehenden Erzeugnissen eines Geistes sich vorstellen möchte [5]).

Für Raphaels damalige Behandlungsweise des menschlichen Körpers steht ebenfalls eine Reihe von Blättern zu Gebote, meistens Studien nach jugendlichen Gestalten. Eine besondere Neigung zu den frischen, elastischen Formen und Bewegungen des Jünglings und Knaben waltet vor, und im Bau ihrer Körper kehrt ein schlanker, fast übermässig verlängerter Typus wieder. Während man in Letzterem eine Verwandtschaft mit Pinturicchio erblicken mag, unterscheidet Raphael das Erstere um so mehr von ihm, der damals mit Vorliebe eingefallene Wangen und verkümmerte Leiber darstellt, so dass selbst seine

[1]) Alinari Nr. 7518.
[2]) Braun 105. BKC. 399.
[3]) Braun 4. BKC. 790.
[4]) Passavant (frz. Aang.) II, p. 411, Nr. 57.
[5]) Die beiden unteren Köpfe sind nur Federskizzen und nicht gleich weit ausgeführt; von den oberen aber entspricht der rechts genau der Weise des florentiner Entwurfes. Wir haben also zwei Klassen von Zeichnungen für die Epoche vertreten, die wir durch Zusammenstellung des Gleichartigen schärfer zu sondern im Stande wären. Zu der ausgeführten, auf Lichtwirkung angelegten Gruppe gehören: die fertige Vorlage zur Verkündigung am Gradino der Krönung Mariä und jener Aristoteles unter den venezianischen Blättern; zu der nur auf Hauptsachen, d. h. Umrisse, Verkürzung, Bewegungsmotive abzielenden Skizzenreihe: die oben bereits erwähnte Reiterstudie in Florenz, der Kopf des Apostel Thomas in Lille, für die Krönung Mariä u. A. Erst eine solche Zusammenstellung des gleichzeitigen Materials in Photographieen nach den hier und da zerstreuten Originalen gewährt eine zuverlässige Anschauung von der damaligen Kunstweise Raphaels.

Knaben und Jünglinge etwas Schlaffes und Müdes haben. Als Beispiele für Raphaels Typus mögen zum Vergleich mit unserm florentiner Blatte die Studien zu den Engeln in der Krönung Mariä, im enganschliessenden Gewande (Oxford [1]) und der stabbrechende junge Freier rechts vorn im Sposalizio genannt werden.

So eng der florentiner Entwurf zum ersten Fresko der Libreria all diesen Gesichtspunkten zufolge mit den sonstigen Denkmälern der selben Periode Raphaels zusammenhängt, so wichtig erscheint er für sich selbst innerhalb dieser verwandten Reihe. Erst in dieser Verbindung charakterisirt er sich als das Erzeugniss einer selbständigen eigenartigen Phantasie und eines innerlichst von Pinturicchio unterschiedenen Geistes. Wir dürfen der heiteren, leichten, immer noch sehr erfreulichen Freskomalerei alle Anerkennung zollen und doch zugleich ebenso entschieden die bis in's Kleinste gehende Ueberlegenheit der Zeichnung betonen. Das Wandgemälde ist nicht nur von ungeschickten Händen auf Carton und Mauer vorbereitet, es leidet nicht nur an den gewöhnlichen Schwächen jeder mehr oder weniger mechanischen Reproduction, sondern seine Vergleichung mit dem Vorbild ergiebt in jeder Linie, dass der eigentliche Erfinder dieser Gestalten eine ganz anders begabte Hand, eine weit lebendigere Auffassung, ein viel ernsteres Streben besass und ein unvergleichlich reicherer Künstlergenius war, d. h. Raphael und Niemand anders.

Ueber die Composition als solche haben wir absichtlich geschwiegen; denn so bestimmt auch jeder Federstrich des florentiner Blattes Raphaels Hand erkennen lässt, so wäre dadurch die Teilnahme des leitenden Meisters für den ersten Wurf nicht direct ausgeschlossen. Allein, wir müssen staunen über „das Geschick, mit welchem eine Fülle von Menschen klar gegliedert, und deren Zug nach vorwärts ausgedrückt ist [2]." Die Reiterschaar kommt von links heraus und macht gerade vor uns eine Biegung nach rechts hinein, um so, leicht und ungezwungen, die Hauptfiguren für unsere Blicke zu entfalten. Und vergessen wir nicht: Pinturicchio's Compositionen leiden stets an dem Mangel energischer Concentration; sie fallen entweder in zusammenhangslose Teile auseinander oder haben durch Anfüllung mit gleichgültigen Personen die Uebersicht eingebüsst. „Raphaels Eigentümlichkeit dagegen war (bereits damals), die gesammte Composition als plastisches Ganzes zu fassen, innerhalb dessen der einzelnen Figur eine mehr abhängige Stellung zukommt," die Massen klar zu gliedern und in harmonischen Gruppen zu verbinden. Ziehen wir nun vollends die Resultate unserer vergleichenden Untersuchung des historischen Inhalts in Betracht, so tritt der raphaelische Geist der ursprünglichen Conception geradezu im Gegensatz zur Verbesserung Pinturicchio's hervor. Der Letztere zeigte bei dem Ansinnen der Piccolomini, die Composition umzugestalten, eine unselbständige Befangenheit: die Beibehaltung des künstlerisch so gelungenen, aber der veränderten Absicht widerstrebenden Reiterzuges, wie die oberflächliche Natur der Mittel, mit denen er eine gewünschte Veränderung herzustellen suchte, verrieten uns, über wie wenig Frische der Erfindung und Beweglichkeit der Phantasie der gewiegte Meister damals noch verfügte, und so bleibt als Pinturicchio's Anteil an dem florentiner Entwurf kaum mehr als dieser oder jener praktische, in seiner langjährigen Erfahrung angeeignete Handgriff übrig.

---

[1] Braun 3. BKC. 788. Vgl. Taf. X. Zu Oxford noch die Wächter zu einer Auferstehung; dann die Knappen auf der Anbetung der Könige, ja die Grazien.

[2] Grimm, L. R.'s, p. 72.

Ganz ähnlich stellt sich das Verhältniss bei der folgenden Scene, der ersten Begegnung Kaiser Friedrichs III. mit seiner Braut Eleonore von Portugal, über deren historische Einzelheiten wir bei der Quellenuntersuchung verhandelt haben[1]). Der Entwurf hierzu in Perugia wird allerdings von Mündler in den Beiträgen zum Cicerone dem Raphael entschieden abgesprochen: „die sogenannte raphaelische Handzeichnung in der Casa Baldeschi ist zwar ausgezeichnet schön, besonders die Pferdeköpfe; Einzelnes aber ist sehr vernachlässigt, die Figuren sind zum Teil von übermässiger Länge, und ich verliess das Haus mit der Ueberzeugung, dass die viel besprochene Zeichnung ein Werk des Pinturicchio sei.“

Ehe wir indess diesen Einspruch eines so gewiegten Kenners berücksichtigen, muss doch die Frage nach der auf dem Blatte selbst befindlichen Aufschrift ihre Stelle finden. Schon Passavant hat in seiner Beschreibung des Blattes, von dem eine Durchzeichnung ins Städel'sche Institut zu Frankfurt gekommen ist[2]), bestimmt ausgesprochen, dass die Schriftzüge von Raphaels Hand seien[3]). Er las sie „Questa e la quinta" und setzt hinzu, das Uebrige sei verlöscht und völlig unleserlich. Gaetano Milanesi teilt in der neuen Vasari-Ausgabe eine Erweiterung mit: „Questa è la quinta di papa pio"; ob diese Zeile aber von Raphael herrühre, von Pinturicchio oder sonst Jemand, hat ihn nicht bekümmert, während er gegen die ehemalige Lesung „Nr. V di ... afael" eine überflüssige Polemik wiederholt[4]).

Ich habe das Blatt mit den Facsimiles sicherer Autographen und dem sonstigen Vergleichungsmaterial in der Hand nochmals einer genauen Prüfung unterzogen[5]). An dem obern Rande steht teils ganz klar, teils verblasst aber noch erkennbar: „Questa e la Quinta (st)oria de papa (Pio)" und zwar, wie Niemand bezweifeln kann, von Raphael geschrieben. Das Papier ist gefaltet gewesen und so in vier Teile gebrochen, bei deren mangelhafter Zusammensetzung leider eine Verschiebung der Mitte entstanden ist; auch Feuchtigkeit hat (ausser jenen Buchstaben) die Frauen am Rande rechts und einzelne Köpfe beschädigt. Die technische Ausführung des Blattes entspricht, wie gesagt, genau der des florentinischen[6]).

Man darf der Ansicht, die Zeichnung selber sei trotz alledem von Pinturicchio, zunächst also mit der Frage begegnen: wie kommt Raphaels Handschrift auf einen Entwurf, nach welchem er nachweislich nicht gearbeitet? — Wenn man nicht zu der unwahrscheinlichen Annahme kommen will, dass die Zeichnung später in Raphaels Hände gelangt und, wer weiss weshalb, mit dieser Notiz versehen sei, so bleibt wol nur die Entscheidung übrig: die Arbeit selbst gehört dem Raphael ebenso sicher, wie die oben drübergeschriebene Zeile, sei es, dass er sie als Entwurf für Pinturicchio lieferte, oder aber, was man auch

---

[1]) Vgl. auch die kleine Hochzeitsschrift: L'Incontro di Federigo III Imperatore con Eleonora di Portogallo sua novella sposa .... narrazione e descrizione storica, corred. d. orig. docum. per Luigi Fumi e Alessandro Lisini. In Siena MDCCCLXXVIII.

[2]) Die Güte des Herrn Prof. Dr. Grimm ermöglicht es mir, den Entwurf zum ersten Mal nach einer solchen Durchzeichnung zu veröffentlichen. Vgl. Taf. VI.

[3]) Frz. Ausg., II, p. 157. Nr. 427.

[4]) Vasari. Opere III, p. 527.

[5]) Was Pinturicchio's Hand betrifft, so ist das von Vermiglioli mitgeteilte Facsimile nach dem Conterfei des Briefes von Gentile Baglioni an den Meister unzulässig, da es auf dem Bilde (in S. Andrea zu Spello) mit dem Pinsel und vielleicht auch von einem Gehülfen gemacht, endlich mit mehr Wahrscheinlichkeit für eine Reproduction des Originales des Baglioni zu halten ist. Der von Milanesi publicirte Contract mit Franc. Piccolomini, in dem Pinturicchio eigenhändig zwei bis drei Zeilen schrieb, findet sich im Archivio de' Contratti zu Siena nicht als Original, sondern als Copie und ist nach der gütigen Mitteilung des Herrn Cav. Luciano Banchi ganz von Einer Hand, welche sich nach der mir vorliegenden Probe als die eines gleichzeitigen Schreibers ausweist.

[6]) Es misst jetzt im Rahmen H. 54 Ctm., Br. 40 Ctm. Oben ist wol der abgerundete Teil abgeschnitten.

behaupten hört, nach dem fertigen Fresko als Studie für sich gezeichnet. Da jedoch unsere frühere Untersuchung ergeben hat, dass dies Blatt in Perugia Besonderheiten darbietet, welche nur aus den ursprünglichen Quellen der Darstellung herzuleiten sind, und bei der Ausführung in Fresko verändert wurden, so fällt auch die letztgenannte Möglichkeit einer späteren Entstehung, und wir haben den für das Wandgemälde gefertigten Entwurf zu erkennen.

Dagegen will Mündler in dem Stil der Zeichnung Merkmale finden, die gegen Raphaels Autorschaft sprechen. Die Gestrecktheit der Gestalten ist indess eine Eigentümlichkeit, die sich in den gleichzeitigen unbezweifelbaren Werken des jungen Meisters mehrfach findet, wie ganz unabhängig von der vorliegenden Frage bereits Rumohr bemerkt hat [1]. Ich will zur Bestätigung dieses bei Gelegenheit des Sposalizio beobachteten Symptoms nur noch ein Beispiel erwähnen, das sich beim Durchwandern der vatikanischen Gemäldesammlung aufdrängt. Hier hängen zufällig an einer Wand zwei Werke von Perugino, an deren einem sogar Raphaels Mitwirkung erkannt wird, dazu die Krönung Mariä des letzteren und derselbe Gegenstand von Pinturicchio beisammen. Hat man sich an den durch Firniss entstellten Zustand dieses älteren Bildes und die eckige Härte in den Apostelköpfen gewöhnt [2], so entdeckt man, dass Raphaels Krönung diesem Pinturicchio nicht nur in der Farbe näher steht als seinem Lehrer, sondern auch in der Wahl einzelner Typen die Beschäftigung mit Bernardino's Arbeiten verrät: man betrachte nur den Christus und den zweiten Jünger links (Johannes) auf beiden Gemälden! Jemehr nun unsere ganze Berücksichtigung der zeitlich und stilistisch nahestehenden Arbeiten Raphaels die fortlaufenden Beziehungen zu Pinturicchio herausstellt, um so weniger eignet sich die von Mündler betonte Eigentümlichkeit der Figuren als unterscheidendes Merkmal zwischen den beiden Meistern.

Die Schönheit der Pferde, die er ebenso hervorhebt, spricht entschieden für Raphael, während sie bei Pinturicchio überraschend wäre. Zunächst belehrt uns ein Blick auf jene flüchtige Skizze, die des ersten Reiters wegen bei dem Entwurf zur „Reise nach Basel" herangezogen wurde, hinreichend über die Verwandtschaft. Man vergleiche z. B. das dritte Pferd dort mit dem letzten hier. Im Fresko sind die Köpfe unedler, iebloser, die Mäuler geschwollen, aus dem einen Streithengst gar ein Maulesel geworden. Ueberall sonst hat Pinturicchio nur ziemlich hölzerne Geschöpfe aufzuweisen [3], die an Lebendigkeit selbst hinter einigen allzuwenig beachteten Leistungen des Benozzo Gozzoli zurückstehen. Raphael zeigt, als echten Charakterzug des beobachtenden und auf dramatischen Ausdruck angelegten Künstlers, schon früh einen ausgesprochenen Sinn für die Bewegung des Rosses; es hat bei ihm seine eigne Geschichte erlebt. Auch die Bildung des Pferdeleibes muss selbstverständlich bei ihm, wenigstens im Zug der Linien, eine Hand verraten, die im Atelier Perugino's geschult war; sie trägt andrerseits den Stempel der feinsinnigen Natur des jungen Meisters, der alles veredelt, was er berührt, und schon die ganze Ausdrucksfähigkeit des vornehmen Tieres zu verwerten strebt. Wenn wir aber nach dem Stammbaum dieser kräftigen, feurig lebendigen Race fragen, so werden wir weiter zurück und zwar nach Florenz gewiesen: ihre Herkunft aus Verrocchio's Werkstatt offenbart sich zur Genüge [4]. Auf Andrea's plastisches Modell deutet am meisten das Ross des ersten

[1] Ital. Forschg. III, p. 50.

[2] Die Jünger sind in zwei Reihen aufmarschirt, nur in der Mitte der Front ist unter der Spitze der Mandorla ein Platz frei. Vor dieser Lücke kniet S. Franciscus, links S. Bernardino und rechts gegenüber ein andrer Mönch, vorn ebenso ein Cardinal und ein Erzbischof, alle mit Heiligenscheinen. Die letzten sollen Alexander VI. und Cesare Borgia darstellen. Das Bild stammt aus La Fratta; Crowe u. Cavalc. setzen es ca. 1500.

[3] Z. B. Louvre, Braun 234.

[4] Vgl. z. B. Louvre, Braun 159. Expos. École des Beaux-Arts 1879. Br. Nr. 24 bis, 28, 32.

Reiters auf der eben erwähnten Skizze der Uffizien: der kolossale Bau und Umfang des Leibes, der mächtige Hals mit der hohen Rundung des Nackens, die zugleich an die Bronzen auf San Marco erinnert. Aehnlich das Pferd des Enea Silvio in dem Entwurf zum ersten Fresko [1]). Die übrigen lebhafter bewegten auf der Skizze, wie auf der Baldeschi-Zeichnung sind bereits mehr im spezifisch raphaelischen Sinne verarbeitet und rufen uns die wundervollen Studien des Lionardo, des grössten Fortbildners der Verrocchio'schen Formen, ins Gedächtniss. Diese Filiation versteht sich für Raphael von selbst. Pietro Perugino, der im Atelier Verrocchio's als Genosse des Lionardo und Lorenzo di Credi gearbeitet, müssen wir als den Vermittler dieser Tradition betrachten, wenn er selbst auch für den vorliegenden Fall kaum hinreichende Beispiele bietet. So wenig die Abnahme seiner Spannkraft zur Zeit von Raphaels Eintritt geleugnet werden kann, so dürfen wir doch diese fruchtbare Berührung mit den Florentinern nicht vergessen. Perugino gehört immer zu den hervorragendsten Schülern Verrocchio's, welche die Kenntnisse in der Farbenmischung, in Zeichnung, Anatomie und Geberdensprache, in Perspektive und Compositionsgesetzen malerisch verwerteten. In diesem Sinne hatte grade Raphaels Vater ihn und Lionardo als ein Paar junger Männer bezeichnet, die gleich an Jahren gleiche Neigungen und Bestreßungen teilten [1]). Ein Talent wie Raphael hielt sich schon instinctiv an das Beste unter dem, was es vorfand, und die Studienbücher des Meisters haben ihn sicher in jene ernsten Bemühungen eingeweiht, welche bei den Zeitgenossen so freudige Anerkennung gefunden hatten. Wenn wir den Entwurf der Casa Baldeschi über die Zufälligkeiten der Ausführung hinaus auf seinen künstlerischen Wert prüfen und mit gleichzeitigen Arbeiten zusammenhalten, so werden wir die fruchtbaren Lehren wieder-finden, nach denen Perugino selbst in seinen besten Tagen das Vortreffliche geschaffen, und aus denen grade Raphael die gedeihlichste Nahrung zog.

Tritt man dem Entwurf zu Perugia mit der Erinnerung an Pinturicchio's mit Goldschmuck und Prachtstoffen prunkendes Fresko gegenüber, so überrascht die grosse Einfachheit der Zeichnung. Trüge der Kaiser nicht seine Krone, so würden wir einen biblischen oder legen-darischen Vorgang vermuten. Wie sollte Pinturicchio, der die Kleinarbeit reicher Costüme so sehr liebte, zu einem so wenig entsprechenden Entwurf für die festliche Begegnung des Kaisers Friedrich und seiner königlichen Braut gekommen sein? Für Raphael dagegen war bei der Art seiner damaligen Arbeiten eine solche Auffassung nur natürlich.

Die Aufträge, denen er damals zu genügen hatte, hielten ihn fast ausschliesslich in dem Anschauungskreis biblischer Darstellungen fest. Seine Phantasie war mit der Ver-mählung der heiligen Jungfrau beschäftigt: man halte nur das Sposalizio und unsere Zeichnung neben einander. — Sicher ist das im Jahr 1504 vollendete Gemälde [2]) eine langsam gereifte Frucht liebevoller Vertiefung. Galt es doch dem bewunderten Altar-stück seines Meisters eine gediegene Leistung an die Seite zu stellen, die innerhalb vor-geschriebener Gränzen eine selbständige Schöpferkraft betätigte, womöglich als beseeltes Kunstwerk noch über das Vorbild hinausgieng [4]).

---

[1]) Man vergleiche ihn übrigens auch mit jenem Reiter Benozzo's, der im Zug der Könige (Florenz, Cap. Riccardi), ziemlich zuletzt, mit einem Jagdleoparden auf der Schabracke in ähnlicher Wendung zu uns herausschaut; andererseits aber mit Raphaels heil. Georg in St. Petenburg. Höchst beachtenswert für die obige Frage sind als nächstliegende Anregung auch die Graffiti im Dom von Siena selbst, von Urbano da Cortona (1473), Bastiano di Francesco (1483) und Benvenuto di Giovanni (1484)!

[2]) „Dui giovin par detate e par danneri", wo amori offenbar in der Bedeutung „inclinazione, genio, diligente studio, sollecitudine inspirata dall' amor della cosa presa a fare" (Fanfani) zu nehmen ist. Ich muss nach Vergleichung der Handschrift die Conjectur Grimms onnori statt amori verwerfen.

[3]) Die Jahreszahl bezieht sich ja nur auf den Termin der malerischen Ausführung.

[4]) Ueber das Verhältniss der beiden Sposalizien vgl. Jordans Artikel über Perugino in Dohme's Kunst und Künstlern LII, p. 28 ff. In der Baldeschi-Zeichnung behält Raphael die Plätze des Paares so, wie Perugino sie giebt, d. h. die Braut rechts.

Je mehr die kirchliche Bestimmung der Tafel jede auffällige Neuerung verbot, desto mehr musste der junge Künstler sich bemühen in das Herz seiner Aufgabe einzudringen und von Innen heraus neues Leben in die geheiligten Erscheinungen seiner biblischen Personen zu giessen. Gerade dadurch hat er einen Hauptvorzug vor der Arbeit seines Lehrers erreicht. Aber der Anteil, den Gemüt und Phantasie an dem Stoffe nahmen, ist nicht erschöpft in dem Ausdruck dieses über alle Leidenschaft hinausgerückten Paares. Erst in dem Entwurf der Casa Baldeschi sind die Empfindungen des menschlichen Herzens zu ihrem Recht gekommen; hier eilen die Verlobten freudig auf einander zu, soweit es ihr hoher Stand irgend gestattet, und das ganze Gefolge gehorcht diesem leitenden Motiv [1]. Es muss auch für Raphael eine Woltat gewesen sein, den selben Gegenstand in dieser freien, menschlich wahren Variation neben dem weihevollen Sposalizio darstellen zu dürfen.

Je näher die Entstehung der beiden Compositionen zeitlich und geistig zusammenrückt, desto erklärlicher wird die einfache Haltung der fürstlichen Begrüssungsscene sowol als ihre Analogie mit der Verlobung Mariä.

Auch sonst haben die beiden Bilder innerliche Eigenschaften mit einander gemein, welche die gleiche Herkunft ausser Zweifel stellen. Das mit Raphaels Namen bezeichnete Sposalizio folgt in der harmonischen Gliederung des Ganzen, wie in der klaren Anordnung der Gestalten ganz bestimmten künstlerischen Gesetzen und technischen Regeln, die Raphael im vertrauten Verkehr mit seinem Meister Perugino gelernt hat.

Pietro Vanucci's berühmtes Fresko vom Amt der Schlüssel hat vor allen florentinischen Arbeiten in der Sistina eine Eigenschaft voraus, die freilich nicht ohne Einbusse auf der andern Seite geblieben ist: ich meine die plastische, von einem Mittelpunkt ausgehende Entfaltung seiner Figuren. Ihre geringe Zahl, die sich auf breiter Fläche aneinander reiht, zeigt hier sein Verfahren in einer Härte, welche die Abstraction der Regel leicht macht. Denkt man sich in der Mitte am Boden des hintenstehenden Tempels einen festen Punkt, und zieht von diesem Radien an die äussere Peripherie des Bildes, so geben diese Radien die Richtung an, in welcher er die Front seiner Gestalten dem Beschauer gegenüberstellt, um jede möglichst frei zu präsentiren. So stehen die Jünger paarweise oder zu dritt in schrägen Linien, und der mittelste Radius trifft auf den Schlüssel des Himmelreichs, das Symbol der ganzen Handlung. Der technische Grundsatz, der hier mit wenigen Versuchen künstlerischer Abwechselung befolgt ist, beruht auf nichts anderm als der perspectivischen Erfahrung, dass mehrere hinter einander stehende Gegenstände sich dann am wenigsten decken, wenn ihre Oberfläche in einer den Augenpunkt schneidenden Ebene gelegen ist. Das nämliche praktische Compositionsregulativ waltet auch in Perugino's Sposalizio, das sich jetzt im Museum zu Caën befindet; nur hat dieses Bild durch seine geringere Breite minder auffallende Construction und versteckt sie ausserdem durch einige ungeschickte Griffe zu Gunsten der Abwechselung. Wie auf der Schlüsselübergabe der äusserste der Apostel links und rechts, so sind hier die beiden Seitenfiguren dem Innern zugewendet.

Perugino hat dies Prinzip der Anordnung seinem Schüler Raphael überliefert, der es seinerseits mit dem ihm eigenen Gefühl für klare Gliederung und zarte Compositionswirkungen handhabt. Es herrscht in seinem Sposalizio noch strenger als bei Pietro, und grade darauf beruht der architektonisch feste, ohne fühlbare Störung nicht veränderliche Zusammenhalt des Ganzen. Aber die vom schematischen Gesetz geregelte Gruppe macht

---

[1] Das Motiv des Hinzutretens ist als wesentlich neu in der ganzen Composition zu betrachten: es ergab sich aus der Schilderung des Memoriale (vgl. oben). Es ist übrigens interessant, auch das Sposalizio in Dürers Marienleben und das Fresko Luini's in Saronno in dieser Hinsicht zu vergleichen (im Chromolithogr. d. Arundel Society; Holzschn. b. Lübke, Gesch. d. ital. Malerei, II).

bei ihm den Eindruck eines lebendigen, freien Organismus und die Berechnung des Künstlers hat den Schein völliger Absichtslosigkeit. Während Perugino sich mit der Forderung künstlerischer Mannigfaltigkeit durch krasse Ausnahmen abfindet, gelingt es Raphael, diese Widersprüche zu vermitteln, indem er die unschönen Härten überwindet, gleichsam die architektonische Function jeder Figur durch entsprechende seelische Beziehung erst lebendig macht und uns menschlich nahe bringt. Kein Körper weicht aus der Bahn, die das innerlich wirkende Gesetz ihm vorschreibt, nirgends begegnet, wie bei Perugino, ein unorganisches Flickwerk ohne Bezug auf den Mittelpunkt; deshalb braucht auch der Priester nicht mehr steif zu stehen wie die lotrechte Linie im Schema, sondern beugt leise das Haupt, um so zugleich den Händen, die er vereinigt, wie dem Ringe [1]) ihre Bedeutung zu lassen.

Das Sposalizio hat für die künstlerische Erziehung Raphaels die grosse Wichtigkeit, dass er hier zuerst sich in die Gesetze eines strengen, in sich geschlossenen Kunstwerks einlebt, sie ein für alle Mal aneignet. Wie sehr ihm auch später die technische Regel der radialen Anordnung zum Vorteil gediehen ist, offenbaren uns noch die Disputa und die Schule von Athen, wo er sich grade dieses Mittels zur Klärung seiner Massen und zur Zusammenhaltung seiner Gruppen bedient.

Das nämliche künstlerische Gravitationsgesetz leiht auch der Composition für das fünfte Fresko der Libreria den Charakter eines einheitlichen Mikrokosmos, dessen Teile nicht vermehrt, vermindert, oder nur verschoben werden können, ohne seine Harmonie empfindlich zu verletzen [2]). Die vorderen Gestalten der Zeichnung in Casa Baldeschi ordnen sich in klarem zum Oval neigenden Halbkreis um die Säule, und die Radien, die man sich von diesem Centrum an die äusserste Zone zieht, normiren ihre perspektivische Stellung. Die gleichwertigen Hauptplätze nimmt das Brautpaar ein, dessen Hände sich da vereinigen, wo die Mittellinie einfallen würde. Zunächst folgt dann dicht hinter Leonore der Bischof Enea Silvio, links etwas weiter vom Kaiser entfernt der junge Orator [3]); hinter diesem das Ross des Kaisers und gegenüber die stattliche Ehrendame; in den engeren Kreisen reihen sich in stralenförmiger Richtung zu der Säule die übrigen Personen auf. Jenseits dieser Axe entfalten sich die beiden Cavalkaden, in lebhafterer Bewegung. Den Hintergrund bildet eine Landschaft mit sanft anschwellenden Hügeln und einem Fluss in der Mitte, der sich nach links hinzieht.

So ist eine Composition entstanden, welche den festen Zusammenhalt des Sposalizio mit der freieren Beweglichkeit dieser weltlichen Scene glücklich verbindet, und in ihrem innern Bildungsgesetz, ihrem Knochengerüst gleichsam beweist, dass sie dem Mutterschooss einer und derselben Phantasie entwachsen ist.

Andererseits bezeugt uns das klägliche Geschick, das grade dieser Entwurf bei der Ausführung in Fresko erduldet hat, dass Pinturicchio entweder kein Verständniss für den Kern dieses Kunstwerks besass, oder durch die Aenderungsvorschläge der Piccolomini hier noch ärger in Verlegenheit gekommen ist, als bei der Umgestaltung des ersten Bildes. Die ganze Linie des Figurenkranzes ist verschoben, der Centralpunkt von seiner richtigen Stelle gerückt; die wichtigsten Radien kreuzen sich und bringen alles in Verwirrung. Pinturicchio hat die vornehmsten Personen mit hausbackenem Verstande ganz vorn an den Rand versetzt, während sie bei Raphael weiter zurücktretend die plastische Form des Ganzen erkennen lassen. Trotzdem musste die Säule in die Mitte der Bild-

---

[1]) Der Trauring Mariä wird in Perugia gezeigt und besonders verehrt; daher die Vorliebe für das Sposalizio in der umbrischen Kunst.

[2]) Ich setze natürlich den Zustand der Zeichnung vor ihrer ungeschickten Restauration voraus. Vgl. S. 20.

[3]) Er ist darin dem mit sichtlicher Vorliebe behandelten stabbrechenden Freier im Sposalizio analog.

fläche gebracht werden; damit ist nun ihre Entfernung von den Hauptpersonen, d. h. der vorderen Curve zu gross geworden und drängt so den ganzen Umriss mit entschiedener Tendenz zum flachen Bogen nach den Seiten auseinander.

Dem ausführenden Maler ist eben auch jenes technische Verfahren des Perugino in seinem eigentlichen Sinn und Wert nicht geläufig. Nirgends waltet das Prinzip im Ganzen seiner Compositionen, wie etwa in Raphaels Krönung Mariä und den Predellenstücken dazu. Wo aber ein solcher Vorzug des Entwurfes in dem ausgeführten Werk wie hier zertrümmert wird, da muss der erstere wol notwendig von einem andern Künstler sein. Pinturicchio hat ausserdem unmittelbar hinter den vordersten Gestalten auf unserm Fresko eine unorganische Masse von Zuschauern eingestreut, welche die Linien der raphaelischen Disposition aufheben. Kein Wunder, dass diese Porträts vornehmer Sienesen in allen ihren Bewegungen und im Ausdruck ihrer Physiognomien der Scene ganz fremd bleiben. Gieng es doch den Personen der Handlung selbst nicht besser: auf Raphaels Zeichnung nehmen alle an der Begegnung der fürstlichen Verlobten Anteil, und der Ausdruck ihrer Köpfe ist mit soviel psychologischer Feinheit gegeben, dass wir „jene bis in das Untergeordnete sinnvolle Absichtlichkeit" nicht genug bewundern können. Und, wie diese seelische Durchbildung des Ganzen, erinnern uns auch die Typen mit jener eigentümlichen Einfachheit in den Formen der Stirn und Nase, dem kleinen gerundeten Mund, der heitern genüglichen Stimmung wieder und wieder an das Sposalizio. So sehr die Zeichnung durch die liebenswürdige Naivität den gleichzeitigen Schöpfungen Raphaels und speziell dem florentiner Entwurf congenial ist, — eine Vorlage, in welcher der Ausdruck der Empfindungen und des individuellen Anteils die Hauptsache geblieben war, konnte dem Pinturicchio, noch mehr aber seinen auf Campano's Papstleben fussenden Prinzipalen nur als ein Missgriff erscheinen. Bernardino musste also eine verbesserte Auflage zurechtstutzen. Der Kaiser Friedrich, der in der Zeichnung bartlos erscheint, wird würdevoller gemacht und erhält einen schwerfälligen Mantel über dem lastenden Brokatgewande. Auch die königliche Braut muss sich in die steifen Falten der golddurchwirkten Stoffe bequemen, die ihrem Stande angemessen sind. Der Bischof, den Raphael mit reizender Feinheit als herzenskundigen Vermittler zwischen der jungen Prinzessin und ihrem zum ersten Mal vor ihr stehenden Verlobten darstellt, hat im Fresko eine derbere Rolle und stralendes Costüm bekommen. Er wendet sich nicht mehr Eleonoren sondern dem Gebieter zu; denn nach dem Text des Campanus ist er nicht nur der Held des Ganzen, sondern auch der alleinige Festredner. Von einem Orator des Kaisers, den auch Augustino Dati's gerade damals in Siena gedruckte und den Piccolomini dedicirte Geschichte nicht kennt, wollte man nichts wissen. Er wird also des festlichen Rockes, den er bei Raphael trägt, entkleidet, wird als blos ausschmückende Figur an den Rand gedrängt und, um den geleitenden Frauen gegenüber das Gleichgewicht halten zu können, mit einem breiten Hut und weiten Mantel aufgebauscht[1]). So erscheint dieser vordere Teil des Bildes wie eine Rückübersetzung in die ältere Schulweise, ja in mehreren Figuren erkennen wir geradezu jenes Sposalizio Perugino's als Vorbild.

In dieser Art sind noch viele der zartesten Wirkungen Raphaels bei der Ausführung verlöscht. Während die Zeichnung das Entgegenkommen zweier einander fremder Cavalkaden, des kaiserlichen und des portugiesischen Gefolges, aufs Anschaulichste markirt, ist im Fresko Unordnung eingerissen: hier wird wie zum Angriff geblasen; einzelne Reiter

---

[1]) Dies ist auch der Grund, weshalb der nun freistehende Kaiser durch einen Mantel verstärkt werden musste. Das Costüm des Dolmetschers entspricht übrigens genau dem, was Enea in ähnlicher Function auf dem ersten Fresko trägt. Vgl. S. 37.

halten sich kaum vom Anprall zurück, ja man sieht stellenweis nicht, wer eigentlich zu Pferde sitzt und wer zu Fuss geht. Rechts ist der Kopf einer Ehrendame, der jener Alten links in Raphaels Sposalizio entspricht, verloren gegangen; gegenüber das Ross des Kaisers, das ganz von vorn gesehen den Kopf leise nach rechts wendet, durch ein eng zusammengekauertes ersetzt; — von der erwähnten Racenverschlechterung ganz zu schweigen.

Eine mehr äusserliche Veränderung scheint die der Oertlichkeit: in dem Entwurfe fehlt die Ansicht der Stadt Siena mit dem Camolliathore und die grossen Bäume, die Pinturicchio aus früheren Bildern wiederholt. Die Landschaft ist sehr allgemein gehalten, fast nur zur Abrundung der Linien ausgeführt. Auch hier greift die Hand des Pinturicchio ohne Verständniss für das raphaelische Liniengefühl ein und schiebt seine Stadtansicht quer vor die schwindende Ferne. Erhellt schon hieraus zur Genüge, wie unwahrscheinlich die Annahme ist, er selbst könne sich diesen Entwurf gezeichnet haben, so überzeugen wir uns vollends im Verfolg der Frage: würde Pinturicchio, der die historische Localität vor sich hatte, die Scenerie so allgemein behandelt haben? In dem Memoriale, das der Maler vom Cardinal Francesco erhalten hatte, war sicher nicht vergessen, dass zum Andenken an die festliche Begegnung des hohen Paares die Säule mit den Wappenschildern desselben vor dem Camolliathore errichtet worden. Alle Erzählungen der kaiserlichen Brautfahrt legen ein gleiches Gewicht auf dieses Factum. Es findet sich in der Historia Frid. III. und in den Commentaren Pius' II., aus denen das Memoriale geschöpft ist, ebenso wie bei Campanus und Augustino Dati; in einem 1452 entstandenen Gedicht über diese Festlichkeiten widmet ihr Mariano di Matteo eine eigene Beschreibung [1]. Ein solches, allgemein bekanntes Denkmal durfte auch in der malerischen Verherrlichung der Scene zu Siena nicht fehlen. In dem Entwurf aber erblicken wir die Säule nicht in ihrer eigentlichen Gestalt. Sie erhebt sich hier auf höherem Piedestal, hat einen längeren Schaft, um den sich oben auf zwei Drittel Höhe ein breites Band legt [2]; die mit Phantasieverzierungen behängte Tafel ruht auf rein korinthischem Kapitäl, ist schmäler und enthält nicht die Wappenschilder des Kaisers und der Infantin. Der Autor der Zeichnung deutete das historische Wahrzeichen nur an, weil er seine Composition darauf berechnete; wenn aber Pinturicchio selbst in Siena den Entwurf gemacht hätte, so würden wir diese Unbestimmtheit gewiss ebenso wenig finden wie die des landschaftlichen Hintergrundes. Da er nur hinaus gehn durfte, um sich's anzusehn, so hätte er den Ueberblick über die Stadt um so mehr gleich in der Vorlage mitgezeichnet, als die allen Sienesen vertraute Umgebung der Scene von den Auftraggebern selbstverständlich erwartet wurde. Und grade Pinturicchio's Bravour bestand ja in solchen Städteansichten, mit denen er für Innocenz VIII. einen ganzen Saal im Belvedere ausmalen musste [3].

Wir können darnach nur annehmen, was schon Rumohr vermutet hat, dass Raphael diesen Entwurf nicht in Siena selbst gefertigt, und bei dem landschaftlichen Teile seine

---

[1] „Una gentil colonna at pellegrina — Et sopra quella con lettere doro — Una candida pietra marmorina — La qual racconta come prima furo — Trovatj infiema et poj di dietro adella — L'armj schultate de chiafcun de loro". Cod. Vat. Regin. 1108. fol. 80 b. Eine andere Hdschr. des Gedichtes in der Comunale zu Siena. 1, VIII. 39. Beide kl. 4°. Die Inschrift der Säule lautet: CAESAREM FEDERICVM III IMP. & LYONORAM SPONSAM PORTV- GAL' REGIS FILIAM HOC SE PRIMVM SALVTAVISSE LOCO LAETISQVE INTER SE CONSVLTASSE AV SPICIIS MARMOREVM POSTERIS INDICAT MONVMENTVM A. D. MCCCCLI. VII KAL. MARTIAS.

[2] Dagegen die Aufzählung ihrer Bestandteile in dem Document über ihre Errichtung ,,una colonna in due pezzi — un capitello lavorato, — un pezo di marmo da fare una cimagie et tavola da scrivare certe lettere, — un pezo di marmo da fare una bafa per fermare la colonna, — un pezo di marmo per fare un modallo in mezo di detta colonna." Bei Fumi und Lisini: a. a. O. p. 64. So zeigt sie uns auch Pinturicchio.

[3] Im letzten Fresko giebt er auch eine Ansicht von Ancona mit S. Ciriaco auf der Höhe und dem Triumphbogen des Trajan auf dem Hafendamm.

Erinnerung und Phantasie walten liess. Wenn wir ihn in Umbrien bei andern Aufträgen, und zwar beim Sposalizio beschäftigt denken, erklärt sich auch, weshalb er die Bemerkung „Questa e la quinta storia de papa Pio" auf die für Pinturicchio bestimmte Zeichnung schrieb. La quinta bezieht sich natürlich nur auf die Stelle, welche das Bild dem Memoriale zufolge innerhalb der Freskenreihe einnehmen sollte; — aber wozu die Vorkehrung gegen Verwechselungen, wenn Raphael für die Geschichte des Papstes Pius in der Libreria nur dies eine Blatt lieferte und keines mehr?

Darnach wenden wir uns zunächst der Zeichnung zum vierten Fresko zu, die sich im Besitz des Herzogs von Devonshire zu Chatsworth befindet [1]). Sie stellt dar wie Enea Silvio, als Gesandter Kaiser Friedrichs III. nach Rom geschickt, sich mit Papst Eugen IV. aussöhnt und ihm vor versammelter Curie den Fuss küsst.

Vor dem Wandgemälde selber wird Niemand an Raphael denken, vielleicht mit Rumohr bei dieser „quadratären Anhäufung zahlreicher Figuren" jede Zumutung Raphaelisches zu erkennen weit abweisen. Es war allerdings eine andere Aufgabe, die Mannigfaltigkeit einer Schaar vornehmer Prälaten und Herrn, zu Ross und zu Fuss, malerisch zu gruppiren, als eine ernste Versammlung in gleichem Costüm und strenger Rangordnung dasitzender Personen, in deren Mitte eine symbolische Ceremonie geschieht, zu einem anziehenden Bilde zu gestalten. Wir dürften daran erinnern, wie gewaltsam noch in der Krönung Karls des Grossen in der Stanza dell' Incendio des Vaticans die Mittel sind, mit denen die Ceremonie interessant gemacht wird.

Lassen wir jedoch auch hier den Tatbestand reden. Aus der Prüfung der Entwürfe zu Florenz und Perugia haben sich bereits verschiedene Gesichtspunkte ergeben, welche für die Beurteilung auch der übrigen Zeichnungen entscheidend sind.

Das Chatsworther Blatt beschränkt sich als einfachere Federzeichnung in den meisten Partieen auf die Umrisse, denen nur hier und da Schattirung zu Hülfe kommt. Ehe diese Unterarbeitung fertig war, ist sie leicht mit dem Pinsel übergangen, um ihr das nötige Relief zu geben. Soweit die Feder tätig gewesen ist, erkennen wir die Manier der feineren Zeichnungen im venezianer Skizzenbuch wieder und, wenn wir bei jenen ausgeführten Vorlagen von der Modellirung durch den Pinsel absehen, so begegnen auch nach dieser Seite Analogieen. Die Umrisse sind mit den selben zarten und sichern Linien gezogen; in der Schattirung finden wir die engen Strichlagen wie auf der Grazienstudie; „die zierliche Bestimmtheit in der Andeutung der Formen, in Stirn und Nase, im Kinne, in den Backen, welche (in der Uffizienzeichnung) so oft an die Köpfe des Sposalizio erinnern [2])", ist auch das untrüglichste Zeugniss für die raphaelische Herkunft der Chatsworth-Skizze.

Sodann aber bieten sich auch für sie eine Anzahl verwandter Arbeiten zur Vergleichung dar: die Halbfigur der Madonna mit dem Kind auf dem Schooss und einem Buch in der Hand; auf der Rückseite desselben Blattes die beiden Kinder, die sich beim Spiel erzürnen [3]); die Engel zur Krönung Mariä, zwei in Oxford [4]) und einer, etwas leichter

[1]) Sie war 1878 in der Grosvenor Gallery ausgestellt. — Photogr. in „The Chatsworth Raffaelles", Publ. der Arundel-Society, 1872. Bl. 1. Vgl. unsere Taf. VIII.

[2]) Rumohr, Ital. Forschg. III, p. 45 f.

[3]) Louvre, Braun 29 u. 250. BKC. 605. 631. Pass. 325

[4]) Braun 3. BKC. 788. Pass. 493.

behandelt, in Lille [1]); der Kopf eines Engels aus dem selben Bilde im British Museum [2]) und das Madonnenantlitz, das unter dem Namen „Raphaels Schwester" geht, bei John Malcolm [3]). Eine andere Reihe Zeichnungen gelten als directe Vorarbeiten für die Darstellung des vierten Fresko. In der Sammlung Malcolm wird eine Silberstiftstudie auf vier Cardinäle der rechten Seite bezogen; da sie aber, wie schon Comyns Carr urteilt [4]), den Vergleich mit der Zeichnung von Chatsworth nicht aushält, dürfte sie eher von Pinturicchio herrühren. Eine andere, auch in der Pariser Zeichnungsausstellung (1879) unter Pinturicchio's Namen, wird in beiden Katalogen als zu diesem Fresko gehörig beschrieben, passt aber weder in der Anordnung der Figuren noch in den Typen hinreichend, und ist ausserdem so steif, fabrikmässig und fehlerhaft, dass sie für Pinturicchio zu schlecht erscheint [5]). Von den Zeichnungen des venezianer Skizzenbuches mag die eine Gewandstudie für den ersten rechts sitzenden Cardinal bestimmt gewesen sein [6]); eine andere ebenso für Gewandteile der linken Seite [7]); aber beide treffen weder mit unserm Entwurf noch mit dem ausgeführten Bilde streng genug überein, um direct beweisende Kraft für die Echtheit der ersteren zu haben; im Gegenteil man könnte sie selbst eher anzweifeln [8]). Ueberdies ist auch im Chatsworther Blatte selbst im Vergleich zu den übrigen hierher gehörigen Zeichnungen Raphaels die Behandlung der Gewänder recht befangen. Die Falten sind mit beinahe kleinlicher Sorgfalt arrangirt. Es ist als ob die fleissigsten Muster Perugino's überboten werden sollen und durch eifrigste Ausbeutung der Schulgriffe ein Fortschritt zu erzielen versucht sei. Wenn wir aber diese mit Nadeln gesteckte Drapirung ganz ähnlich auf den Fresken selbst wie das Bravourstück eines der Gehülfen wiederkehren sehen, z. B. im Congress zu Mantua, in der Canonisation der heil. Katharina und rechts in unserm Bilde, so möchte man ein gemeinsames Bestreben einiger Schüler Perugino's, vielleicht gar in reformatorischer Absicht gegen den lässiger gewordenen Meister voraussetzen. So wären auch jene Gewandstudien in Venedig ganz im Sinne dieser Ateliersecte und wir hätten eine Reihe von Bemühungen vor uns, von denen Raphael gleich darauf zurückgekommen ist.

Das ausgeführte Wandgemälde hat eine auffallende und höchst vorteilhafte Zutat: die beiden ganz vorn in der Mitte sitzenden Cardinäle, die nicht nur eine störende Lücke ausfüllen, sondern durch ihre realistische Behandlung im Gegensatz zu der in strengen Formen gehaltenen geistigen Mitte geradezu packend wirken. Der Kunstgriff entspricht ganz der späteren Methode Raphaels, an die Grimm bei Gelegenheit der neunten Darstellung erinnert [9]); da jedoch ein sicherer Anhalt fehlt, können wir nicht entscheiden, ob Raphael, ob Pinturicchio diese Vervollständigung angegeben. Jedenfalls von dem Letzteren rühren die Zuschauer hinter den Sitzreihen der Cardinäle her: sie entstammen Pinturicchio's Neigung, gedrängte Menschenmassen anzubringen, selbst zum Nachteil der Klarheit und des Gleichgewichts der Composition. Andrerseits erscheint die Chatsworth-Zeichnung an

---

[1]) Braun 66. BKC. 656. Pass. 383.
[2]) Braun 70. BKC. 723.
[3]) Desseins de Maîtres anciens exposés à l'école des Beaux-Arts, Paris 1879. (Braun) 116.
[4]) Vorrede zum Illustrated Catalogue, Grosvenor Gallery, Winter Exhibition 1877—78, p. XII. Den besten Begriff von einer echten Zeichnung Pinturicchio's giebt ein in den Uffizien als Ignoto ausgestellter Reiter (bei den Copieen nach Raphael).
[5]) Desseins de Maîtres anciens, Nr. 105 (Braun). Drei Köpfe daraus in derselben Manier, grösser, im Louvre. Incconnn 515 (Braun). Ein hierhergehöriges Blatt in Florenz, Uffizien Nr. 376.
[6]) Braun 89. BKC. 366.
[7]) Braun 100. BKC. 418.
[8]) Noch weniger passen sie zur Krönung Mariä, wohin sie Springer rechnet: Raffael u. Michelangelo p. 50.
[9]) L. R.'s p. 73 f.

sich unfertig und wie in Eile mit dem Bisterpinsel herausgeputzt, so dass man sie nicht wie die ausführlichen Cartoncini in Florenz und Perugia beurteilen darf. Wie sie vorliegt, hat die Composition allerdings viel Aehnlichkeit mit der Ausgiessung des heil. Geistes, die Signorelli als Kirchenfahne für S^to Spirito in Urbino gemalt, die Raphael also jedenfalls bekannt war[1]. Allein dies würde eine analoge Erfindung bei Pinturicchio nicht ausschliessen. Dürfen wir aber im Vergleich mit Raphaels andern gleichzeitigen Leistungen die auffallende Eckigkeit der Anordnung in unserm Bilde mit Recht betonen, so scheint es nach alledem vielmehr glaublich, dass dem Ganzen eine frühere Arbeit des leitenden Meisters zu Grunde gelegt sei, mit der jene in London und Paris befindlichen Studien zusammenhängen mögen[2], und wir hätten dies Mal Raphael nur als ausführenden Zeichner zu erkennen.

Auch so jedoch verrät sein Entwurf in jeder Linie die eigentümlich durchgeistigte Arbeit, der nur Raphael fähig war: wie viel innerliches Leben, wie viel Ausdruck ist bei der Uebertragung auf die Wand verloren gegangen! In der Zeichnung neigt der Papst leise das Haupt zu dem Gesandten des Kaisers, der ihm huldigend den Fuss küsst; auf dem Fresko ist nichts als eine steife Puppe übrig geblieben. Wie viel adeliger ist die sprechende Bewegung des Enea Silvio, der im Wandgemälde mehr vom Antlitz und doch bei weitem weniger Ausdruck zeigt. Sieht man in der Skizze die Prälatengruppen zu beiden Seiten des Thrones an, so entdeckt man auch hier eine Fülle seelischer Beziehungen. Dem Vordersten zur Linken merken wir in jeder Linie die Aufmerksamkeit an, die er dem Huldigungskuss und dem edlen Anstand Enea's widmet, ganz wie die nächste Zeugin der symbolischen Handlung im Sposalizio. Auf dem Fresko ist seine Handbewegung unverständlich und leer geworden, weil seine Blicke in's Blaue gehn. Aehnliches zeigt der College zur Rechten, bei dem auch die Handbewegung verändert wurde. Während so das Wandgemälde im Allgemeinen mit der Zeichnung zu Chatsworth übereinstimmt[3], erweist sich die letztere bei einer Vergleichung in allen Einzelheiten als raphaelische, wenn auch nicht abgeschlossene, Leistung.

I̲n der Accademia di belle Arti zu Mailand geht unter Raphaels Namen noch eine Zeichnung, welche die Dichterkrönung des Enea Silvio durch Kaiser Friedrich darstellt, also zum dritten Fresko gehören würde[4]. Eine nähere Betrachtung dieses Blattes ergiebt jedoch sofort, dass wir es nicht mit einem Entwurf, sondern mit einer Abzeichnung des fertigen Wandgemäldes zu tun haben, welches schon in der Behandlung des Costüms die Teilnahme eines nicht in umbrischer Schule gebildeten Gehülfen verrät. Die vorliegende Copie verfolgt die Umrisse sogar bis in die Details der Kleidung und äusserliches Beiwerk; sie ist aber durchweg so ungeschickt und fehlerhaft, dass auch von einem der geringsten Schüler des Meisters Bernardino nicht die Rede sein kann. Vollends weist die mit dem Pinsel getuschte Faltengebung der Gewänder auf einen oberflächlichen Fälscher, dem die Kunstweise der eigentlichen Urheber ganz fremd und unverständlich war. Wir dürfen somit von diesem jämmerlichen Machwerk vollständig absehen.

---

[1] Hier sitzen zu beiden Seiten auf Bänken die Apostel, in der Mitte, an Stelle des Papstes, Maria.

[2] Seine Darstellung der Obedienzleistung Karls VIII. vor Alexander VI. im Consistorium wird wol ähnlich zu denken sein. Vgl. S. 39.

[3] In der kleinen Scene des Hintergrundes wurde aus der Bischofsmütze, welche Enea auf der Zeichnung vom Papst empfängt, im Fresko ein Hut; daneben ist mehr Landschaft eingeführt.

[4] Braun, Brera 5. Ueber die Architektur S. 32

Das Fresko der Dichterkrönung selbst gehört zu den anmutigsten der ganzen Reihe. Man fühlt sich immer wieder zu ihm hingezogen, um den glückseligen Moment zu geniessen, wo sich die höchsten Wünsche eines Renaissancepoeten erfüllen. Selbst ohne den „schönen Kranz verehrter Fraun" glauben wir den Glanzpunkt einer reizenden Novelle mitzuerleben: so glücklich ist die festliche Stimmung getroffen.

Grade zu diesem Bilde besitzen wir nun zwei Studien nach der Natur, die ihren technischen wie stilistischen Eigenschaften nach dem jungen Raphael mit Recht zugeteilt werden. Beide befinden sich in Oxford [1]; die eine, mit dem Metallstift gezeichnete, enthält vier junge Knappen, von denen drei uns in der Mitte des Wandgemäldes wieder begegnen. Sie sind hier in anderer Weise angeordnet: der breitspurig dastehende Pikenträger ist von der linken Seite der Zeichnung auf die rechte der Gruppe im Fresko gewandert; der Kamerad mit übereinandergeschlagenen Beinen von rechts nach links versetzt, und bei der Ausführung bekam sein Kopf eine mehr schulgemässe Neigung; — der Vornstehende mit dem Stab in der Hand hat die bereits auf der Studie angegebene Haltung des erhobenen Armes bewahrt; der Vierte endlich ist weggeblieben [2]. Das andere Blatt ist die Studie zu einem ähnlichen Stabträger, der im Vordergrunde rechts, jedoch von der Gegenseite Verwendung gefunden hat. Auf dem Rücken des selben Blattes steht die technisch ebenso behandelte Figur des jungen Königs für eine Anbetung der Magier; sie entspricht indessen keiner der Gestalten auf dem gleichzeitigen Predellenbilde Raphaels, könnte jedoch in unserm Fresko für den die Treppe herabsteigenden jungen Mann benutzt sein. Alle diese Skizzen sind jener Klasse von frischen Jugenderscheinungen gewidmet, die damals mit Vorliebe verwertet wurden. Hierin besonders tritt die Verwandtschaft der Dichterkrönung mit jenem Anbetungsbildchen hervor, auf welche Crowe und Cavalcaselle hingewiesen haben. Der vorderste Knappe im Predellenstück ist wenigstens dem vom Rücken gesehenen Jüngling in der rechten Gruppe des Fresko ähnlich, und der Pikenträger links neben dem ersteren fast genau eine Umkehrung des zarten Gesellen links in der Mitte der Dichterkrönung. Sonst dürfte die Uebereinstimmung der Gruppen als solcher nicht so genau und auffallend sein.

Der Zuschnitt dieser anmutigen Figuren, welche in der Ausführung trotz mehrfacher Schwächen deutlich genug raphaelische Gestalten durchscheinen lassen [3]; — das Vorhandensein direct hierher gehöriger Naturstudien, auf welche sich Pinturicchio damals kaum mehr eingelassen hätte; — die reine Stimmung des Ganzen sind Aufforderungen genug für die Frage: hat Raphael nicht einen weiteren Anteil an der ganzen Darstellung? Verdanken wir doch die Erhaltung der andern besprochenen Entwürfe nur der Gunst des Zufalls, der sie ebenso gut vernichten konnte. Ja, besässen wir jene nicht, so böte diese Dichterkrönung vielleicht den nächsten Anhalt, um jenen Aussagen Vasari's nachzuspüren. Je entschiedener wir die mailändische Zeichnung zurückweisen mussten, desto sorgfältiger haben wir, dieser Indicien wegen, zu prüfen, was etwa Raphaelisches in der Composition steckt, mit deren Einzelheiten der junge Meister sich den Studien zufolge offenbar abgegeben hat.

---

[1] Die erste ist bei Ottley, Italian School of Design abgebildet, beide auch bei Fisher, Facsimiles, Abthlg. II, 5 und I, 3; hier in zu kleinem Maasstab, der die ganze Publication zu einem illustrirten Inventar herabdrückt. Beschrieben bei Pass. Nr. 530 u. 531.

[2] Die freie Verwertung zeigt, dass es keine Studien nach dem Fresko sind. Unverkennbar waren derartige Lieblingsgestalten Signorelli's die Veranlassung, ja die Landsknechte in seinen Fresken zu Monte Oliveto wol directes Vorbild. (Vgl. die Abbildung zu Vischers Aufsatz in Dohme's Kunst und Künstlern LIV, p. 13.)

[3] Crowe und Cavalcaselle finden hier besonders viel „von der Weichheit und zierlichen Anmut, welche sowol das venezianische Skizzenbuch als auch die Gemälde Raphaels von 1501—1504 kennzeichnen."

Es dürfte schwer fallen, unter den Gestalten, deren einige so ganz Pinturicchio's andere gar lombardisches Gepräge bekommen haben, ohne Weiteres die Raphaels zu bestimmen. Dagegen gehört der ungemein ansprechende bauliche Hintergrund zu den auffallendsten Bestandteilen des Gemäldes. Wie wir bei Raphael die hohe ernste Wirkung bewundern, die er — im Gegensatz zu den Spielereien des Pinturicchio [1]) — seinem Tempel in der Verlobung Mariä zu geben wusste, so stimmt der heitere, doch würdevolle Bau in unserem Fresko trefflich zu dem festlichen Vorgang, ist er ausserdem von solcher Reinheit und so harmonischen Proportionen, dass wir seine Erfindung dem Pinturicchio nach den sonst vorhandenen Leistungen nicht zutrauen dürfen. Wo dieser sich bemüht den Bauten Perugino's nachzueifern, bringt er es nur zu völlig untergeordneten geistlosen Machwerken. Sein plumper Tempel auf der unmittelbar vorher gemalten Disputation des zwölfjährigen Jesus, in Sta Maria Maggiore zu Spello, wie die schmächtige Variation desselben in Aracoeli zu Rom, bezeugen im Verein mit den luftigen Decorationsstücken seiner Erfindung und den Copien wirklicher Bauten, die er, sogar in Stuckarbeit, auf seinen Fresken anbringt [2]), dass ihm der höhere Sinn für die Architektur abgieng. Dieser Hallenbau auf der Dichterkrönung gehört dagegen einer bestimmten Tradition an, welche teils auf die Lehrzeit bei Perugino zurückweist, teils nur in der persönlichen Geschmacksbildung Raphaels eine Stelle findet. Wir müssen auch diese Elemente seines Kunstvermögens ebenso verfolgen, wie jene perspektivischen Compositionsregeln bei Gelegenheit der Baldeschizeichnung.

Wenn man fragt, woher Raphaels Baukenntnisse stammen, so genügt es nicht, auf seinen florentinischen Verkehr mit Baccio d'Agnolo hinzudeuten: sie sind vielmehr ebenso umbrischer Herkunft, wie die übrigen Bestandteile seines Könnens. Schon die Gemälde dieser Periode geben in dargestellten Baulichkeiten ein Material, das alle Beachtung verdient. Der Peristyl des Tempels im Sposalizio und die schlanken Säulenhallen, in denen die Verkündigung und die Darbringung vor sich gehen, weisen mit ihrem gedrückten Volutenkapitäl direct auf Perugino. Wir finden sie öfter auf seinen Staffelbildern und Altartafeln und mögen bei aller peruginesken Zierlichkeit eine Reminiscenz seiner römischen Studien darin erkennen. Dafür spricht wiederum das Fresko vom Amt der Schlüssel, wo sich der Meister selbst neben zwei Architekten dargestellt hat, mit denen er wie den von beiden Seiten reproducirten Constantinsbogen im Hintergrunde auch die andern antiken Bauten studirt haben wird, vor Allem das unerschöpfliche Colosseum. Es ist unzweifelhaft, dass Raphael aus solchen architektonischen Zeichnungen des Perugino gelernt hat; ebenso aber brachte er Eindrücke aus der Heimat und eine eigentümliche Geschmacksrichtung mit, die als Verwandtschaft mit Bramante bezeichnet werden muss. Als Repräsentanten der localen Einflüsse in Urbino mögen nur zwei treffliche Beispiele genannt werden: ein Tafelbild, das einen ganzen Platz mit solchen Baulichkeiten darstellt [3]) und dem Piero della Francesca gehört, der in diesen Dingen schon auf Perugino gewirkt hat, andrerseits der vielgerühmte herzogliche Palast, bei dessen Erbauung unter Luciano Lauranna (seit 1467) wir uns aller Wahrscheinlichkeit nach den lernenden Bramante zu denken haben. Dem Geschmack dieses Landsmannes, seines Oheims oder Verwandten, nähert sich der junge Raphael besonders da, wo er in ganz einziger Weise über das Vermögen seines Lehrers Perugino hinausgeht: der Tempelbau im Sposalizio hat jene „unschuldige Einfachheit, sonnige Klarheit und Eleganz," welche Bramante gerade damals, als Raphael

---

[1]) Vgl. Burckhardt, Cicerone, III, p. 985.

[2]) So der Triumphbogen (des Constantin) und der Barbara-Turm im Appartamento Borgia; gemalte Schreinerarbeit dagegen auf der Heimsuchung daselbst und in Aracoeli.

[3]) Im Istituto di Belle Arti delle Marche zu Urbino.

von Urbino nach Perugia kam, von seiner lombardischen Tätigkeit mit nach Rom brachte. Wenn man die unläugbare Verwandtschaft dieser, natürlich in umbrischer Ausdrucksweise gegebenen Bauformen mit denen der ersten römischen Werke Bramante's, so wie das ihnen innewohnende Gefühl für Verhältnisse erwägt, und sich dann erinnert, dass vier Jahre drauf laut Vasari gerade Bramante die Berufung Raphaels nach Rom veranlasste, ihm wichtige Dinge in der Architektur und Perspektive, wie die Quadrat-Einteilung des Menschen- und Pferdeleibes überliefert haben soll, dass wir die beiden Meister dort sowol durch die Congenialität ihrer Natur als durch eine vertraute geistige Gemeinschaft verbunden sehen, die selbst über den Tod des Aelteren hinweg gedauert und Raphael zum eigentlichen Fortsetzer des letzten und kühnsten Baugedankens seines Freundes gemacht hat, so liegt es nahe, schon für diese umbrischen Lehrjahre eine persönliche Berührung Raphaels mit dem verwandten Architekten, vielleicht auf der Wanderung Bramante's von Mailand nach Rom vorauszusetzen. Ein bestimmender Einfluss seiner Kunstweise wenigstens ist unabweisbar. Der sechzehneckige Tempel des Sposalizio mit der treppenförmigen Basis, mit dem luftigen Säulenumgang, dem leichtgegliederten Oberbau und der weichgeschwungenen Kuppel erscheint wie eine umbrische, aber nur bei dieser persönlichen Verbindung mögliche Vorstufe von dem klassischen Rundbau des römischen Bramante, dem Tempietto bei S. Pietro in Montorio.

Betrachten wir darnach den architektonischen Hintergrund der Dichterkrönung, so ordnet er sich sehr wol als verwandtes Glied in die Reihe damaliger Baudarstellungen Raphaels ein. Zunächst fällt die Aehnlichkeit der Pfeilerarkaden mit denen des Saales auf, in welchem uns die Chatsworther Zeichnung das Consistorium zeigt; nicht minder im Obergeschoss die nämliche Uebereinstimmung mit dem weiter zurückliegenden offenen Gebäude auf dem selben Blatte. Denken wir uns bei der letztern Ansicht statt der schlanken Pfeiler Säulen als Träger der Bögen, so haben wir einen Ausschnitt aus dem Schlosshof von Urbino mit allen Details der äusseren Gliederung [1]. Weiter ausgeführt würde eine Loggia entstehen, die wir ziemlich genau aus Bramante's Hof der Cancelleria herausschneiden können; die zweite Arkadenreihe hier mit dem unteren Teil des dritten Geschosses böte den selben Anblick: in den Zwickeln der fein profilirten Bögen das kreisrunde Medaillon, darüber die durch Pilaster gegliederte Wand mit horizontal verdachten Fensteröffnungen, die auf der Brüstung aufsitzen. Nehmen wir aber statt der Säulen unten die bei Bramante sonst so beliebten gegliederten Pfeiler, so setzen sich die entscheidenden Bestandteile des Hallenbaues auf unserem Fresko zusammen. Hier erhebt sich über den drei mittleren Arkaden ein dreiteiliger Oberbau: zu beiden Seiten genau das von korinthischen Pilastern flankirte Fenster, in der Mitte eine durchgehende Loggia mit höherem cassettirtem Tonnengewölbe, im Zuschnitt denen am Palast von Urbino verwandt. Das mit einem Giebel gekrönte Mittelschiff wird mit den niedrigeren Seiten durch Voluten vermittelt, die in analoger Weise auch am Tempel des Sposalizio vorkommen.

Diese bis in solch äusserliches, aber frappantes Hülfsmittel verfolgbare Verwandtschaft bestätigt sich, wenn man die Proportionen dieses Hallenbaues im Fresko mit dem Tempel des Sposalizio vergleicht [2], und endlich in dem gesetzmässig schönen Zusammenwirken des architektonischen Hintergrundes mit der geschichtlichen Composition. Dem Pinturicchio dienten seine baulichen Coulissenstücke in keinem höheren Sinne als seine

---

[1] Abbildung am bequemsten bei Burckhardt, Gesch. d. Renaiss. in Ital., p. 152. Die Cancelleria p. 159.
[2] Halbirt man die ganze Höhe des Bildes, so trifft man genau in die Fussleiste des Baues. Die Höhe dieses ist ein Drittel der Gesammthöhe; davon fällt wieder eine Hälfte auf das untere Stockwerk, die andere auf den Oberbau. Die Proportion zwischen dem untern Teil, dem ersten Stockwerk und dem obersten Teil ist 9 : 6 : 5. Rechnet man am Tempel des Sposalizio den zum Tambour überleitenden Teil für sich, so ergiebt sich 9 : 3 : 5 : 3.

Costümfiguren, seine Bäume und sonstigen Requisiten; Raphael dagegen hat bei Perugino eine malerische Verarbeitung dieses Materiales gelernt und ihn schon bei der Verlobung Mariä in der Verwertung für die Gesammtwirkung übertroffen. Auch bei unserm Dichterfest macht die Ruhmeshalle einen wesentlichen Bestandteil im Aufbau des Ganzen aus, und ihre leichte Gliederung scheint wie aus der Stimmung der Scene selbst hervorgewachsen.

Was die malerische Anlage betrifft, darf auch das Motiv des breiten treppenförmigen Sockels nicht unterschätzt werden. Es ist geschickt für die überleitende Function des zweiten Planes benutzt und dadurch eine Schwierigkeit der Disposition besiegt, mit der noch Perugino sich recht äusserlich abgefunden hat. Legen wir seine Schlüsselübergabe, sein Sposalizio und das Raphaels neben diese Darstellung, so haben wir abermals eine ineinandergreifende Reihe. Perugino löst das Problem der Raumgliederung statt auf malerische vielmehr auf geometrische Weise: er zieht den Mittelstreifen genau über den Köpfen der Vorderfiguren und unter der Fussleiste der Gebäude hin und belebt ihn mit ganz kleinen Gestalten[1]). Gerade in diesem Teile sind bei der Umbildung von Perugino's Sposalizio durch Raphael charakteristische Modificationen zu beachten: die Figuren sind bei Raphael ein wenig grösser im Massstab, der Tempel kleiner. Entsprechend dem Bestreben, den ganzen Hintergrund leichter zu gestalten, sind die kleinen Zwischenfiguren, von denen etliche der beabsichtigten Höhenbewegung folgend in die Umgangshalle des Tempels treten, in ihrer Zahl reducirt, enger gruppirt und dem Bau näher geschoben. Sie rücken also den vorderen Personen nicht so nahe auf den Kopf; der kleine Zwischenraum aber trägt dazu bei, die Figurengruppe von dem baulichen Hintergrund abzuheben und die Idealität des architektonischen Factors zu erhöhen. Blicken wir dann auf unser Fresko, so fühlen wir, dass darin die selbe feinsinnige Absicht gewaltet: die Treppe mit den hinauf- und herabsteigenden oder auf den Stufen sitzenden Personen erweist sich als eine naheliegende Weiterentwicklung aus der Disposition im Sposalizio; vor dem Sockel des Baues lagert ein lichter Intervall; nur ein Figurenpaar leitet zur eigentlichen Handlung im Vordergrund über. Diese zarte Compositionswirkung kann nur von dem Künstler herrühren, der die Stimmung des Sposalizio bereits in analoger Weise zu erheben gewusst und die technische Schwierigkeit der Beherrschung des zweiten Planes nicht nur überwunden, sondern mit echt raphaelischer Empfindung zum Vorteil des Gesammteindruckes verwertet hatte. Es ist der selbe, der diese quer durch das Ganze hinlaufenden Stufen mit den vermittelnden Gruppen und der Halle darüber hernach in den Stanzenbildern des Vaticans zu so wirkungsvoller Anordnung benutzte.

Endlich ist die Composition der Scene in sich so wol abgeschlossen, dass sie der Kunstweise Pinturicchio's grade zuwiderläuft. Wie wenig Sinn dieser für künstlerisch motivirte und doch ungezwungene Gliederung einer grösseren Personenzahl besitzt, zeigt uns recht deutlich die erwähnte Disputation des zwölfjährigen Jesus mit den Schriftgelehrten. Während die Anlage der Scenerie nicht ohne analoge Griffe sein dürfte, sind die Umstehenden in zwei Haufen getrennt, und in der scharf einschneidenden Gasse steht nur der Knabe vor dem erdrückenden Tempelbau. Noch mehr Verwandtschaft hat mit unserer Darstellung ein anderes Wandgemälde, das der bevorzugte Meister für Alexander VI. im Appartamento Borgia des Vatican ausgeführt, offenbar in der Glanzzeit seines Ruhmes und seiner Spannkraft[2]). Vor dem Kaiser, der zur Linken auf einem ähnlichen Thron

---

[1]) Vgl. Jordans Aufsatz über Perugino in Dohme's Kunst und Künstler LII, p. 13.

[2]) Diese Fresken in den jetzigen Bibliotheksräumen des Vatican gehören in Bezug auf die Bildung der menschlichen Gestalt zu dem Erfreulichsten, was Pinturicchio gemalt hat, und verdienen darin auch vor den sienesischen Malereien, mit Ausnahme der Krönung Pius' des Dritten, entschieden den Vorrang.

sitzt, steht in redender Geberde die heilige Katharina von Alexandrien, während der übrige Raum des weiten Platzes durch einzelnstehende oder gedrängte Zuhörer erfüllt wird. Links am Thron und rechts gegenüber lagern gedrängte Massen; Katharina, ein Mann vor dem ein Page mit aufgeschlagenem Buche kniet, und zwei weiter zurück stehende Zuschauer bilden die lose zusammengestellte Mitte, welche durch den schweren in Stuck gearbeiteten Triumphbogen dahinter noch winziger erscheint. Eine einheitliche innerlich begründete Composition ist nicht versucht, so nahe es gelegen hätte, die Hörer wenigstens teilnehmend um die Hauptperson zu concentriren.

Den bloss decorativen Sinn der Dispositionsweise Pinturicchio's hat uns das Schicksal, das die erhaltenen raphaelischen Entwürfe unter seiner Ausführung erfahren, hinreichend bestätigt. Um so mehr Gewicht müssen wir darauf legen, wenn die Dichterkrönung eine wolberechnete Anordnung noch klar erkennen lässt. Die Menge der Zuschauer gruppirt sich in einem Kreise, der sich zweckmässig und doch natürlich da öffnet, wo die Hauptpersonen hervortreten müssen. Dies Verfahren setzt die selbe Einsicht voraus wie jene Entfaltung des umbiegenden Reiterzuges in der Zeichnung zum ersten Fresko. Nur hie und da ballen sich eckige Statistenhaufen, sonst aber scheint eine verständnissvollere Hand gewirkt zu haben.

Wo sich so viel Symptome vereinigen, die in Pinturicchio's Natur und Praxis ohne Gleichen wären, können wir nicht umhin, eine entsprechende Mitwirkung Raphaels anzunehmen. Wie sollte er auch dazu gekommen sein, die vorhandenen für diese Gruppen bestimmten Naturstudien zu machen, wenn er mit der Disposition der ganzen Scene nicht vertraut war? Und mit welchem Recht sollten wir ihn grade bei diesem Bilde auf die untergeordnete Hülfeleistung beschränken, etwa die von Pinturicchio skizzirten Figuren nach dem Leben aufzufrischen und zurechtzustutzen? Die Erklärung andererseits, dass Pinturicchio mit bekannter Empfänglichkeit viel von den frühesten Arbeiten Raphaels angenommen habe [1]), reicht für die innern Eigenschaften der Darstellung nicht aus. Da die historische Erzählung des Vorganges wenig novellenhafte Einzelheiten bot, so würde uns Pinturicchio allein gewiss mit einer Auswahl bunter Costümfiguren unterhalten haben, hier aber ist in einfacher ungezwungener Weise die poetische, festliche Stimmung des Moments erreicht. Das aber deutet, wie die Qualitäten der Composition, grade auf Raphaels geistige Organisation und künstlerische Schulung hin.

Wir gehen also einen Schritt weiter, indem wir, ausser den Studien für einzelne Gestalten und Gruppen, auch für das Ganze einen Originalentwurf Raphaels voraussetzen, der bei der Ausführung im Wesentlichen erhalten blieb, weil hier keine Abänderung des historischen Inhalts stattgefunden [2]), indem wir aber die kleinen Fehler, welche die „geschmackvolle Anordnung" ohnedies vergessen lehrt: die ungenügende Festigkeit in Schritt und Tritt, die conventionelle Bewegung und das gleichgültige Verhalten einzelner Personen, sowie das Hineinstopfen von Statisten den hülfeleistenden Malerhänden zur Last legen, genau soweit wie wir es sonst beim Vergleich des raphaelischen Entwurfs mit dem zugehörigen Fresko gefunden.

---

[1]) Crowe und Cavalcaselle a. a. O.
[2]) Da Campanus hier mit den Quellen des Memoriale übereinstimmt.

Damit sind, soweit das Material heute noch erhalten ist und bekannt geworden, die auf ganze Scenen dieses Cyklus bezogenen Zeichnungen erschöpft. Vasari erzählt indess, dass nicht nur in Siena ein Carton von Raphaels Hand zu einer dieser Fresken zu sehen sei, sondern dass er selbst in seiner Sammlung noch mehrere hierher gehörige Skizzen vereinigt [1]). Durchmustern wir deshalb die gleichzeitigen Studienblätter, so überrascht uns wol noch Verwandtes oder gar direct Hierhergehöriges, das uns die Frage nach dem etwaigen Anteil Raphaels an den übrigen Bildern erleichtert.

Zuerst wird immer das venezianische Skizzenbuch herbeigezogen [2]). Einige Blätter mit teils von der Seite, teils vom Rücken gesehenen Gestalten, die als Zuschauer eines Vorgangs gedacht scheinen, erinnern allerdings an die Typen, denen wir in der „Audienz beim König von Schottland", in der „Cardinalsweihe" und in der „Canonisation der Katharina von Siena" begegnen. Bei genauerer Vergleichung wollen sie aber nirgends recht passen und erweisen sich überhaupt wol als Uebungsblätter aus der ersten Zeit im Atelier Perugino's; denn in der Tat stammen sie [3]) aus dem Fresko der Schlüsselübergabe in der Capella Sistina und wurden wahrscheinlich nach der Zeichnung des Meisters wiederholt. Dass sie mit dem Quadratnetz überzogen sind, dürfte nichts für ihre factische Verwertung in Gemälden beweisen: sie könnten lediglich zum Erlernen der correcten Vergrösserung und Uebertragung gedient haben. Eine dieser Figuren treffen wir immerhin genau in der Freskenreihe der Libreria. Es ist der nach links gewendete Mann mit spitzem Bart und weitem Mantel, wie er, etwas mehr in Pinturicchio's Manier herausgeputzt, in der Mitte vorn bei der Cardinalsweihe zu sehen ist. Von der Rückseite durchgezeichnet erscheint er zuäusserst links im Vordergrunde der Audienz beim Schottenkönig. Indessen sind uns ja mehrfach Beispiele vorgekommen, wo die selben Bewegungsoder Gewandmotive bald von der einen, bald von der andern Seite als Schuleigentum verwendet werden. So diente der Kopf des heiligen Sebastian zu Venedig in seiner Umkehrung zu Oxford als Kopf des jungen Jakobus in der Krönung Mariä, und das nämliche Modell, en face gesehen, liegt offenbar dem Thomas des selben Bildes zu Grunde (Zeichnung in Lille). — Die übrige Gestalt des Jüngers Jakobus finden wir von der Gegenseite zu Venedig in einer der beiden sogenannten Johannesgestalten wieder [4]), während die andere dieser letzteren der zarten, fast weichmütigen Gestalt des jungen Enea als Orator vor Jakob I. gleicht [5]). Man lernte in dem Atelier Perugino's eben den Kunstgriff, jedes Modell in der nämlichen Stellung von verschiedenen Seiten zu benutzen, und erwarb so die Fähigkeit, das von einem Gesichtspunkt aus Skizzirte auch frei für andere Lagen umzubilden [6]).

Als eine lebenswarme, frisch aus der Wirklichkeit entlehnte Gestalt erfreut uns im zweiten Fresko noch der junge Prinz zur Rechten des Thrones, dem redenden Enea absichtlich gegenüber. Wir kennen den Kopf bereits aus dem florentiner Entwurf zum ersten Bilde: er hat genau den Schnitt des Gesichts wie der junge Reiter links neben

---

[1]) Opere III, p. 494: „di questi cartoni se ne vede ancor oggi uno in Siena; ed alcuni schizzi ne sono, di man di Raffaello nel nostro Libro." In Siena befand sich der cartoncino zum fünften Fresko und kam erst bei einer Verschwägerung des Hauses Piccolomini mit dem der Baldeschi nach Perugia. Ob hier überhaupt schon Cartons im eigentlichen Sinne für die Uebertragung gebraucht wurden, ist fraglich. Vgl. Rumohr III, p. 43.

[2]) Vgl. Crowe und Cavalcaselle (ed. Jordan) IV, p. 304.

[3]) Braun Nr. 87 und 130. BKC. 364 u. 361.

[4]) Braun 91. BKC. 364.

[5]) Braun 81. BKC. 365.

[6]) Für das zweite Fresko haben wir vielleicht noch eine Skizze, zu dem Arm des rechts vorn stehenden Greises, auf dem nämlichen Blatt, das die mutmasslichen Gewandstudien zu Nr. IV enthielt (Braun 100. BKC. 418): die angedeutete Hand ruht nur etwas anders auf dem Buche.

Enea Silvio. Die ganze Erscheinung entspricht auffallend einer jugendlichen Gestalt, welche Raphael um diese Zeit häufig als Modell benutzt, und deren Porträtzüge wir in dem einen der beiden oberen Köpfe eines Skizzenblattes (Br. 105) zu Venedig zu erkennen glaubten.

Vier realistisch treu wiedergegebene Personen nehmen uns auch bei der Canonisation der heil. Katharina für sich ein, während die Historie im Uebrigen höchst interesselos ist. Sie stehn zwischen lauter Clerikern besonders auffällig neben einander, zwei vorwärts, zwei rückwärts gewendet, ganz bildnissmässig behandelt, und man fühlt sich unwillkürlich versucht, sie alle für Künstler zu halten, die hier gemeinsam tätig waren. Mag man den Jüngling links für Raphaels Bildniss halten, das Pinturicchio aus der Erinnerung gemalt, oder nicht; der Aeltere neben ihm ist Bernardino selber: „blass und trübe, aus seinen Zügen spricht die Gewöhnung an körperliche Leiden, das Auge ist klein und tiefliegend, die Nase an der Spitze etwas gespalten, die Wangen gehöhlt und in wenige scharfe Falten zusammengezogen, die Oberlippe kurz, das Kinn lang und mit Bartstoppeln bedeckt"[1], — ganz wie man ihn in seinem Selbstporträt auf der Verkündigung zu Spello (1501) erblickt. Er sowol wie sein jugendlicher Genosse kommen als erkennbare Varianten auch sonst noch auf den Bildern der Libreria vor, nirgends jedoch so individuell wie hier. Gewiss war es im Atelier der perusischen Meister nicht minder als sonst üblich, die Schüler und Genossen zunächst und am häufigsten, nackt oder in allerlei Verkleidung, als Modelle zu benutzen. Das war auch in Raphaels Studio zu Rom hernach ebenso: man sehe sich nur die interessante Zeichnung zum Teppichcarton „Weide meine Schafe" in der Windsorsammlung an. Das bestand noch zu Anfang unseres Jahrhunderts als bequemer Brauch nicht nur, sondern als festes Statut in der École de David zu Paris. Und wenn Pinturicchio auf dem Verkündigungsbilde sein Porträt in die Stube der Jungfrau hängen durfte, warum sollten die ausführenden Künstler sich nicht abconterfeien, um hier unter dem gläubigen Volk zusammen ihr Licht leuchten zu lassen? Um so weniger jedoch dürfen wir in ihnen die Spur raphaelischer Zeichnung suchen: grade Porträts und charakteristische Costümfiguren, wie etwa der Türke in der Scene zu Ancona, waren ja Pinturicchio's Stärke.

Wo wir einer wirklichen Naturstudie Raphaels begegnen, da steht sie in engem Zusammenhang mit dem ganzen Entwurf und umgekehrt. Den Wert dieser unterscheidenden Tatsache lernen wir doppelt schätzen, wenn wir uns die Mühe nehmen, die Gütergemeinschaft, die hier sonst mit Typen, Stellungen, Gliedmassen getrieben wird, dagegen zu halten. Anfangs täuschen uns die Kunstgriffe: wir glauben in einer vollständigen, wenn auch etwas wunderlichen und märchenhaften Welt zu sein. Weilen wir jedoch länger zwischen diesen Gestalten, so erkennen wir nur wenig lebensfähige Wesen und desto mehr Larven und Wachsfiguren. Schon aus Perugino's Atelier weiss man, wie es bei Raphaels Eintritt dort herging: „für jede Fussstellung, jede Fingerbewegung waren hier Muster vorhanden, einzelne Glieder oder sogar Körperwendungen passte man abgetrennt den Figuren je nach Bedürfniss an"[2].

Wählen wir aus dem, was Pinturicchio seinen garzoni gestattet, nur ein paar Beispiele zur Statistik der Hände und Köpfe: die Hand mit dem hinweisend gestreckten Zeigefinger findet sich dreizehn Mal[3]. Beim Fusskuss hält der erste Cardinal an der

---

[1] Crowe und Cavalcaselle. Das nach dem genannten Fresko gestochene Titelbildniss bei Vermiglioli, Memorie ... di Bernardino Pinturicchio, Perugia 1837, 8°, ist nicht sehr genau.

[2] Grimm, L. R.'s, p. 61 f.

[3] Beim linken der beiden vordersten Cardinäle im vierten Fresko; bei einem Zuschauer in der Dichterkrönung; beim links vorn stehenden Höfling in der Audienz und bei König Jakob selber; auf der Begegnung links vor der Kaiser-

rechten Seite seine Hände ebenso wie der vorletzte links, und der Erste zur Linken wie der Letzte der selben Reihe, der nur eine Papierrolle bekommen hat. Die Hände des Zweiten links sind beim Zweiten in der Cardinalsweihe wiederholt. Die Rückseite der Hand mit gestreckten Fingern sehen wir in der Cardinalsweihe zwei Mal, in der Begegnung Friedrichs mit Leonoren und dem Congress zu Mantua je ein Mal. Die Innenseite der zurückgebogenen Hand kommt in der Canonisation zwei Mal, beim Fusskuss und in der Audienz bei Jakob I. je ein Mal vor.

Aehnlich steht es mit den Köpfen: der bärtige Greis, der im ersten Fresko ganz links erscheint, tritt im zweiten rechts vorn, im vierten als Dritter rechts, im fünften dicht hinter dem Kaiser, im neunten links unten auf. Der in verschiedener Lage nach oben blickende Jüngling steht in der Audienz mit turbanartiger Kopfbedeckung rechts vom Thron und umgekehrt zuäusserst links; bei der Begegnung des kaiserlichen Paares ähnlich oberhalb der Infantin, in der Canonisation barhaupt als Cleriker, im Einzug zu Ancona als Träger des päpstlichen Sessels. Andere Modellköpfe haben wir schon früher verfolgt, ebenso auch Gewandmotive, die übrigens mehr von der Behandlungsweise des Einzelnen abhängen. Als auffallendes Beispiel für theaterhaftes Umhängen gemeinsamer Garderobe nenne ich nur die irreführende Aehnlichkeit zwischen Heinrich Leubin auf dem fünften und Enea Silvio auf dem ersten Fresko.

Nach dieser Seite wenigstens war es ein Vorteil, dass Pinturicchio so zahlreiche Hände abwechselnd verwenden konnte, deren verschiedene Malweise der Einförmigkeit entgegenwirkte. Einige dieser Gehülfen scheinen direct aus Perugino's Werkstatt gekommen [1]): Gestalten wie der rechts vorn stehende Greis im zweiten Bild und sein Nachbar drüben weisen direct auf die Figuren und Gesichter im Cambio zu Perugia, die Tugendhelden Sokrates, Pittakus und Perikles sind ihre Brüder. In der Dichterkrönung dagegen hat schon Rumohr die Art des Sodoma wiedergefunden [2]): er mag die Gruppe der Knappen im Mittelgrunde mit dem auffallenden Landsknechtcostüm, die Figuren auf der Treppe und in der Halle, sowie die Prügelscene zwischen Mann und Weib auf dem Söller im Auge gehabt haben. Noch mehr sprechen für einen Maler lombardischer Herkunft einige eigentümliche Abweichungen in der Begegnung am Camolliathore: die regelmässigen Lockenreihen des rechts bei den weissen Pferden beschäftigten Burschen, die selbe Anordnung in den Mähnen dieser Tiere; die Erscheinung der Ehrendame zuäusserst rechts und die einzelnen geringelten Haarsträhne bei ihren Nachbarinnen; etliche Knappen im Hintergrunde und endlich die wildere von der umbrischen ganz abweichende Darstellung der Pferde [3]). Die nordischen Landsknechtcostüme, welche den perusischen Malern kaum geläufig waren, kehren noch in der Cardinalsweihe wieder: die breitere Form der Fussbekleidung und sonst oberitalienische Tracht fällt auch bei dem jungen Prinzen im zweiten Fresko auf, in dem wir sonst so viel Raphaelisches erkannten.

Zu entscheiden, ob eine Mitwirkung Sodoma's, der in diesen Jahren bei Siena beschäftigt war, wirklich anzunehmen ist, oder wer sonst dieser lombardisch gewöhnte Maler

---

krone; bei dem einen in der Mitte stehenden Zuschauer der Cardinalsweihe und bei dem sitzenden Cardinal zunächst dem Altar, daselbst; im Congress zu Mantua bei dem Prälaten zunächst dem Papste; bei dem Mönche unten rechts in der Canonisation und noch drei Mal in demselben Fresko; endlich beim Papste im Einzug zu Ancona. Vielleicht noch öfter.

[1]) Vasari meint „tutti della scuola di Pietro".

[2]) Italienische Forschungen III, p. 45.

[3]) Anderes, besonders links, wieder ganz perusisch; die Gesichter der Hauptpersonen jedenfalls von Pinturicchio.

gewesen sein mag, würde uns von unserm Thema zu weit entfernen [1]). Geduldige Prüfung des Einzelnen und eine Vergleichung mit sonstigen Werken der in Frage kommenden Gehülfen, unter denen Eusebio di San Giorgio [2]), Bembo Romano [3]) und vermutungsweise auch Pacchiarotto [4]) genannt werden, würde wahrscheinlich die Bestimmung ihrer Namen und ihres Anteils ermöglichen. Für sich betrachtet zeigen die Fresken der Libreria trotz den verschiedenen Händen eine durchgehende Sorgfalt und Gleichmässigkeit der malerischen Ausführung und sind insofern ein ehrendes Zeugniss für das Geschick, mit dem Pinturicchio seine garzoni anzustellen und zu verteilen wusste.

Die äusserliche Gleichmässigkeit kann uns jedoch nur auf kurze Zeit verleiten, an die innere Gleichwertigkeit aller Darstellungen zu glauben. Sehen wir von der eckigen Anordnung der „Huldigungsscene im Consistorium" ab, so zeigen wenigstens noch drei der letzten fünf Bilder bedenkliche Mängel in der Composition. Die Cardinalsweihe ist aus Motiven früherer Scenen zusammengeflickt, in der Mitte durch den Altar und hinten durch die grade Wand mit der ungegliederten Masse von Zuschauern davor entstellt; die Procession des neugewählten Papstes, wobei Pinturicchio uns das Innere der alten Lateransbasilika zeigt, leidet am meisten an der Doppelreihe der Bischofsmützen, die mitten hineinschneidet; die Canonisation der Katharina von Siena zerfällt vollends in zwei scharf getrennte Hälften, und gegen die kräftig und lebendig dargestellten Zuschauer vorn erscheint die puppenhafte Ceremonie oben um so mehr als Marionettenspiel. Auch der Congress zu Mantua und die jeder deutlichen Handlung entbehrende Scene zu Ancona stehen hinter der ersten Hälfte merklich zurück. Verdanken das erste, das fünfte und, wie wir überzeugt sind, auch das dritte Fresko den Entwürfen Raphaels ihre unverkennbaren Vorzüge der Composition, so würden wir uns nicht wundern, wenn noch für die Audienz bei König Jakob [5]) eine ähnlich abweichende Vorlage vorhanden wäre, an der Raphael mindestens einen gleichen Anteil haben könnte wie ihn die Chatsworther Zeichnung beim vierten Bilde aufweist.

Wenn es sich nun darum handelt, die Art der Beteiligung Raphaels näher ins Auge zu fassen, so kann von der Ausführung in Fresco nicht mehr die Rede sein [6]). Die Beschäftigung mit den Pinturicchio aufgetragenen Arbeiten für die Libreria ist, soweit sie von Vasari bezeugt wird, ganz anderer Natur und rückt den

---

[1]) Dem Urteil Rumohrs folgt Albert Jansen; dagegen erklärt sich Gustavo Frizzoni: Ztschr. f. bild. Kunst IX, p. 33 ff. (1874). Wenn Gio. Ant. Bazzi, der bereits 1501 sicher in Siena war, 1503 zu S. Anna in Creta bei Pienza malte, so bleibt, da er die Wandmalereien in Monte Oliveto erst nach den Iden des April 1505, d. h. nach der dritten Erwählung des Abtes Airoldi begonnen haben kann, eine Lücke, während welcher wir ihn, falls er, wie Vasari sagt, den Abt persönlich zu dieser Bestellung überredet, nicht weit von Siena zu denken hätten. Moralische Gegengründe fallen nicht schwer ins Gewicht: grade Sodoma wird sich wenig draus gemacht haben, ob der Arbeitgeber ihm geistig überlegen war oder nicht; praktische Gewandtheit in der Freskotechnik konnte er beim Pinturicchio immer noch lernen, oder mit Nutzen weiterüben. Man vergleiche übrigens Bazzi's 1536 gemaltes Altarbild, die Anbetung der Könige, in S. Agostino zu Siena mit unserm Fresko!

[2]) Vgl. Vasari, Opere III, p. 530 u. 596.

[3]) Der Name BIMB⁰ findet sich zweimal in der Pilasterverzierung im obern Teil der Canonisation; die Buchstaben · B · R · an einer Wandsäule beim ersten Fresko und auf zwei Schriftrollen der Wölbung. Bembo kommt ausserhalb der decorativen Stücke wol kaum in Betracht.

[4]) Rumohr a. a. O.

[5]) Man beachte nur, wie fein das Vortreten des geistigen Helden, Eneas als Orator, die stricte Symmetrie der Anordnung mildert.

[6]) Crowe und Cavalcaselle sind geneigt zu glauben, er habe an dem Grotteskenschmuck der Decke mit eigenem Pinsel gearbeitet. Chronologisch steht dem freilich nichts im Wege, und für die Erklärung der völligen Herrschaft über

jungen „*Maestro Raphaello da Urbino*" aus der Zahl der eigentlichen *garzoni* in die Stellung eines vertrauteren Freundes.

Conoscendolo ottimo disegnatore gibt Vasari als das Motiv an, weshalb sich Bernardino an Raphael wandte: er unterscheidet ausdrücklich die *cartoni* von den *schizzi* und den *disegni*, woraus hervorgeht, dass Raphael nicht etwa nur nach Pinturicchio's Vorlagen die Anfertigung der Cartons besorgt, d. h. eine mehr oder minder mechanische Hülfe geleistet haben soll, sondern vielmehr an der künstlerischen Bearbeitung des Stoffes, an der Composition und Gestaltung der Scenen selbst mitgewirkt. Diese Andeutung Vasari's erscheint durchaus glaubhaft, ja selbstverständlich, sobald Raphael überhaupt ins Spiel kommt.

Erinnern wir uns aber auch andrerseits, eine wie ausgebreitete Tätigkeit Pinturicchio hinter sich hatte, als ihm die Verherrlichung des Enea Silvio anvertraut wurde, und dass unter den Freskencyklen, deren er am meisten ausgeführt, grade der historischen mehr waren als bei andern Malern. Die Geschichten aus dem Leben Alexanders VI., die er im grossen, am päpstlichen Garten gelegenen Turm des Castel S. Angelo ausführte, sind leider verloren; nach der Beschreibung des Lorenz Behaim [1]) behandelten sie manchen verwandten Gegenstand und mögen den Cardinal Francesco am meisten bestimmt haben, dem Bernardino auch die Geschichte Pius' II. aufzutragen, vielleicht gar bei der Wahl der einzelnen Momente und der Abfassung jenes Memoriale von Einfluss gewesen sein. In der ersten dieser sechs Darstellungen sah man, wie Karl VIII. von Frankreich bei seiner Ankunft in Rom vor Papst Alexander kniete, in der zweiten, wie er im versammelten Consistorium Obedienz leistete; in der dritten die Cardinalsweihe des Philippe de Sens und Guillaume de S. Malò; dann folgte die feierliche Messe in Sanct Peter, wobei der König ministrirte; in der fünften die Procession nach S. Paolo, bei der Karl den Steigbügel des Papstes hielt; in der letzten die Abreise des Königs nach Neapel in Begleitung des Cesare Borgia und des Prinzen Djem.

Pinturicchio war darnach vertraut mit dem glänzenden Treiben und den rituellen Vorschriften am päpstlichen Hofe; wo wir also die Mitwirkung Raphaels bei der Erfindung der storie di papa Pio constatiren müssen, scheint es doch angemessen, ein Zusammenarbeiten des gewiegten Meisters mit dem jüngeren nicht ganz auszuschliessen. Sogleich bei der ersten Disposition der vom Auftraggeber bezeichneten Momente wird sich Pinturicchio mit Raphael über die Einteilung des Raumes und das Maass der Darstellungen verständigt haben, ja es werden die äussern Umstände, wie die Scenen zur Erscheinung kommen sollten, zwischen beiden verabredet sein. Wie selbständig Raphael auch so noch blieb, zeigte uns ausser den stilistischen und psychologischen Eigenschaften besonders die Compositionsweise: sie hat, als Teil seines künstlerischen Schaffens, gewisse Gesetze, welche die Arbeit eines Andern nicht haben kann; sie geht von ganz andern Bedingungen aus und hat ganz andere Absichten als die Pinturicchio's.

Die erste der drei erhaltenen Zeichnungen hat Raphael wol noch in Siena selbst gefertigt; sie scheint ganz darauf berechnet, als erstes Specimen den Piccolomini vorgelegt zu werden. Wie viel sonst noch daselbst entstanden sein mag, muss dahingestellt bleiben; doch wies uns der Entwurf zum vierten Bilde, seiner Composition nach, auf die

---

die Freskotechnik, die er in der Gloria von San Severo zu Perugia 1505 entfaltet, muss jede Gelegenheit, sich darin zu üben, willkommen scheinen; befriedigender als dies Mitmalen an bloss decorativen Teilen wäre jedoch, dass er seit der Ausschmückung des Cambio mehrfach an den grossen Wandgemälden Perugino's mitgewirkt, ja dies Postulat erscheint als notwendig, mehr als die allzu oft gesuchte Teilnahme an Vanucci's Tafelbildern.

[1]) In der Handschrift des Hartm. Schedel auf der Staatsbibl. zu München, Cod. lat. Nr. 716. Vgl. Gregorovius, Lucrezia Borgia I, p. 123 u. Gesch. d. Stadt Rom VII, p. 651.

Benutzung einer älteren Arbeit Pinturicchio's[1]), während der unfertige, schnell mit dem Pinsel zu einem Abschluss gebrachte Zustand des Blattes ein eiliges Abbrechen der Arbeit vermuten lässt. Mag nun Raphaels Rückkehr nach Umbrien oder sonst etwas die Ursache gewesen sein, jedenfalls scheint er la quinta storia de papa Pio nicht mehr in Siena gearbeitet zu haben; denn diese enthält, wie oben ausgeführt wurde, weder die bestimmte Oertlichkeit noch die Andeutung der sienesischen Bildnisse. Bei der Ausführung des ersten Wandgemäldes war Raphael sicher nicht mehr zugegen: die Art, wie diese erfolgte, hätte er nicht so hingehen lassen. Wenn wir nach einer Erklärung fragen, weshalb die Spuren seiner Beteiligung nicht über die erste Hälfte dieses zehnteiligen Freskencyklus hinausgehen, so haben wir sie zunächst natürlich in den eigenen Aufträgen, vielleicht bestimmt in der Ausführung des Sposalizio zu suchen. Möglich aber, dass auch der Tod Pius' III. und das anfängliche Zögern der ·beiden Testamentsvollstrecker Andrea und Giacomo Todeschini-Piccolomini eine Unterbrechung der Arbeit und den Abgang Raphaels veranlasste.

Ueberblicken wir die zahlreichen Erzeugnisse, welche den Zeitraum von 1502 bis 1506, oder besser bis zu den ersten Studien für die Grablegung ausfüllen, so treten diese Zeichnungen zu Pinturicchio's Fresken mit wenigen andern Bildchen in eine eigene Kategorie zusammen. Die Arbeiten für Perugia und Città di Castello sind der feierlichsten religiösen Kunst gewidmet; was in Florenz neben dem angestrengten Studium an freien Versuchen selbständiger Kraft zu Tage kommt, gehört den beschränkten Anforderungen des bürgerlichen Lebens: es sind Madonnenbilder und Porträts. Welche Wichtigkeit gewinnen darnach diese so ganz aus dem wirklichen Leben gegriffenen, doch von panegyrisch-historischer Auffassung getragenen Darstellungen!

Es ist gewiss ein fruchtbarer Gesichtspunkt für die Beurteilung des Künstlers, wenn man die Cultusbilder, in denen immer ein conservatives, archaistisches Moment vorwiegen muss, von den weltlichen Darstellungen sondert[2]), zu denen bereits die biblischen Erzählungen gehören, wie sie auf den Predellen beliebt sind. Je weniger dogmatisch der Inhalt, desto freier die Bewegung. Sie sowol wie die Madonnen und heiligen Familien bilden den Uebergang zu dem wirklichen, allgemein menschlichen Empfinden, Tun und Treiben, das uns die Historien in besonders drastischen Momenten und unbefangen vorführen.

Wenn unser Erklärungsbedürfniss überall nach den zusammengehörigen Gliedern einer genetischen Entwicklung sucht, so bieten sich für die ergreifende Offenbarung des Himmels in der Disputa freilich hinreichende Vorstufen von der Krönung Mariä bis zur Glorie von S. Severo; aber sollen uns für das bewegte Leben der unteren Versammlung und der Schule von Athen die entzückten Apostel oder die Schmerzensscene der Grablegung genügen? Setzt mit den historischen Darstellungen der Stanza d'Eliodoro ein ganz unmotivirtes Phänomen, ein ganz unorganischer Anfang ein?

So bescheiden uns die Schilderungen in Siena diesen hochdramatischen Scenen gegenüber vorkommen, so werden wir sie, zunächst z. B. neben der Messe von Bolsena oder dem Attila, doch als Vorübungen willkommen heissen, auf denen die florentinischen Eindrücke und Studien weiter bauen konnten. Ich glaube, dass die Beteiligung an den historischen Darstellungen Pinturicchio's in der Libreria des Doms von Siena als wichtiges Moment in dem Stufengang der fortschreitenden Ausbildung Raphaels gerechnet werden muss.

---

[1]) Vielleicht jener Obedienzleistung Karls VIII.
[2]) Vgl. Grimm. Leben Raphaels, p. 99.

I.

DIE DREI GRAZIEN.

ANTIKE GRUPPE IN DER OPERA DEL DUOMO ZU SIENA.

II.

SKIZZE NACH DEN SIENESER GRAZIEN IN DER AKADEMIE ZU VENEDIG.

NACH EINER PHOTOGRAPHIE AUS DEM VERLAGE VON AD. BRAUN & Cie IN DORNACH I. E.

III.

DIE DREI GRAZIEN.

GEMALDE BEI LORD WARD IN DUDLEYHOUSE.

H. 90, B. 13 Cm

IV.

ENTWURF ZUM ERSTEN FRESKO DER LIBRERIA DEL DUOMO IN SIENA. FLORENZ UFFIZIEN.

NACH EINER PHOTOGRAPHIE AUS DEM VERLAGE VON AD. BRAUN & Cie IN DORNACH I. E.

H. Cat. H. 41 1 m.

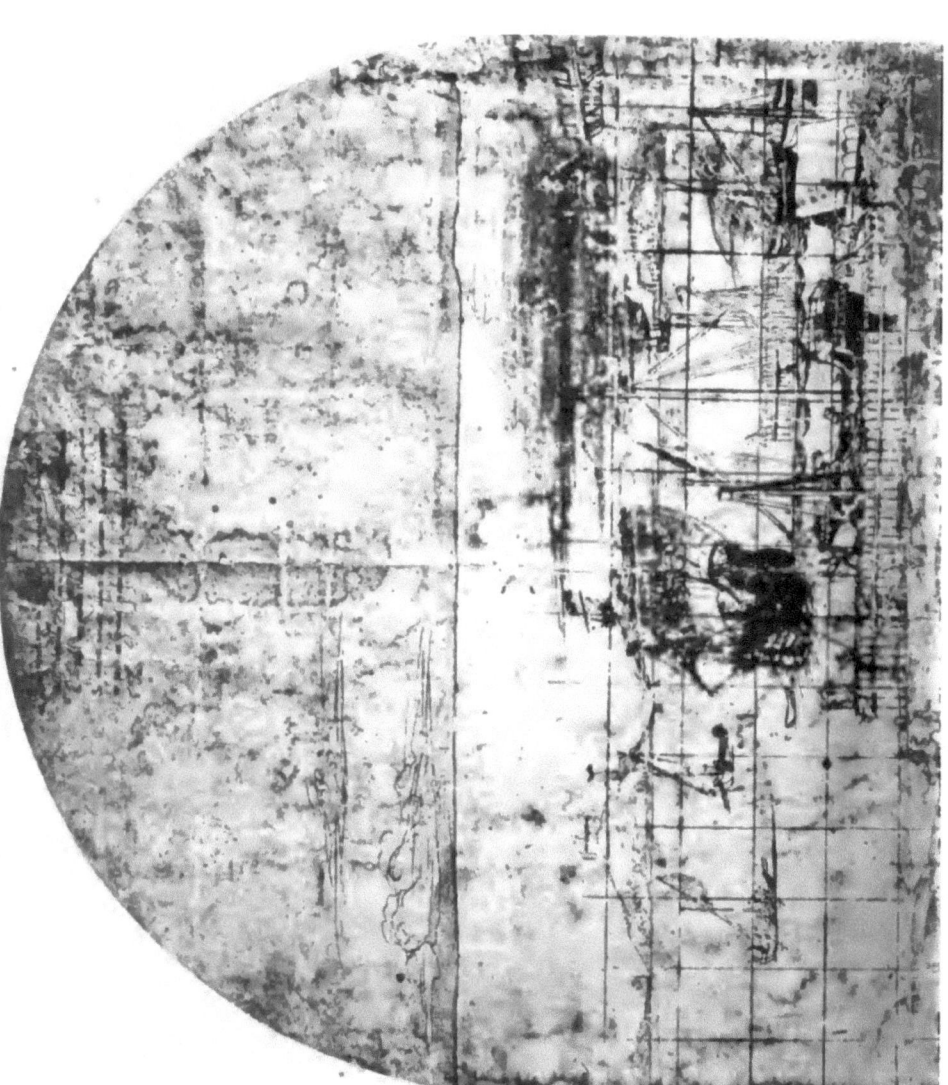

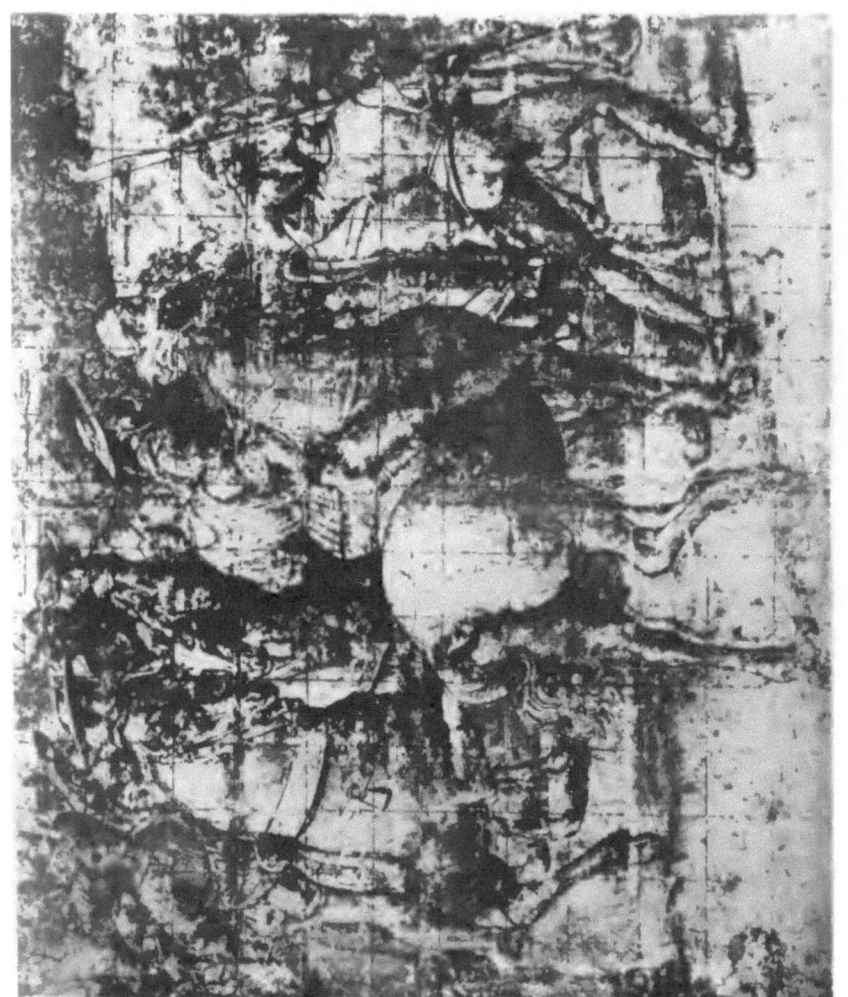

ENTWURF ZUM ERSTEN FRESKO DER LIBRERIA DEL DUOMO IN SIENA. FLORENZ UFFIZIEN.

NACH EINER PHOTOGRAFIE DER VERLAGS AG. DR. BRUCKMANN MÜNCHEN

11

V.

ERSTES FRESKO DER LIBRERIA DEL DUOMO ZU SIENA.

VII.

FÜNFTES FRESKO DER LIBRERIA DEL DUOMO ZU SIENA.

VIII.

SKIZZE ZUM VIERTEN FRESKO DER LIBRERIA DEL DUOMO.

IX.

DRITTES FRESKO DER LIBRERIA DEL DUOMO ZU SIENA.

I.

MODELLSTUDIEN ZU MUSICIRENDEN ENGELN FÜR DIE „KRÖNUNG MARIAE" IM VATICAN

F. MELDE?